Tiere
zeichnen & malen

Tiere zeichnen & malen

Linda Birch

Bechtermünz

Gewidmet meinem Vater Richard George Birch
und allen, die zum Gelingen dieses Buches beitrugen.

Titel der Originalausgabe
How to Draw and Paint Animals
Zuerst veröffentlicht 1997 in Großbritannien
von David & Charles

Deutsche Erstausgabe

Layout: Les Dominey Design Company
Koordination und Bearbeitung der deutschen Ausgabe:
Neumann & Nürnberger, Leipzig/Machern
Übertragung ins Deutsche: Claudia Buchholtz, Radefeld
Umschlaggestaltung: Büro Lehmacher, Friedberg (Bayern)
Gesamtherstellung: Druckerei Appl, Wemding

Printed in Germany

ISBN 3-8289-2397-6

Inhalt

Einführung

„Ich male nur Landschaften, Tiere sind zu schwierig."
„Tiere malen ist etwas für Spezialisten."
„Warum sehen meine Schafe immer wie weiße Kleckse aus?"

Solche und andere Bemerkungen bekommt man oft zu hören, wenn man einen Hobbymaler bittet, ein geliebtes Haustier zu malen oder wenn Freizeitmaler Tiere in ihre Landschaften integrieren wollen.

Viele denken, das Malen von Tieren sei ein Fachgebiet, das nur besonders talentierten oder ausgebildeten Künstlern vorbehalten ist. Dies entspricht jedoch nicht den Tatsachen. Jeder kann Tiere zeichnen und malen, wenn er nur will. Allerdings bedarf es der nötigen Motivation und einer gewissen Ausdauer und Beharrlichkeit. Fehler und Rückschläge sind dabei nicht zu vermeiden und sollten als wichtiger Teil des Lernprozesses angesehen werden. Man sollte ein gerüttelt Maß Neugier mitbringen – die Tiere in Aufbau, Bewegung und in ihrem Verhalten zu studieren und sie als Wesen zu respektieren ist unerlässlich für eine gute Darstellung. Sentimentalität ist allerdings fehl am Platze.

Das vorliegende Buch wendet sich nicht nur an die Künstler, die sich ganz und gar dem Malen von Tieren verschrieben haben, sondern auch an diejenigen, die gelegentlich Tiere in ihre Kompositionen integrieren möchten, seien es ländliche Idyllen, eine häusliche Szene mit Haustier, Darstellungen von Menschen im Zoo o. Ä.

Dieses Buch will keine schrittweise Anleitung geben, wie man vorzugehen hat, sondern zeigen, worauf man achten sollte und wo man hinschauen muss, um „sehen" zu lernen. Diese Fähigkeit, die Dinge nicht nur anzuschauen, sondern in sie „hineinzusehen", ist die Grundlage jeglicher darstellender Kunst, ob es sich nun um Landschaften, Stillleben, die Darstellung von Menschen oder von Tieren handelt. Die Methode ist immer dieselbe. Durch das Beobachten und durch das Verstehen dessen, was wir beobachten, lernen wir, das Wesentliche zu erkennen, in die Dinge hineinzusehen.

Das Buch soll weniger eine „Trickkiste" sein als eine Anregung, auf welche Weise man beobachten, mit welchen Methoden man arbeiten kann, um Fehler zu vermeiden.
In erster Linie soll das Buch helfen, Selbstsicherheit und Routine beim Skizzieren und Malen von Tieren zu entwickeln.

Zuerst werden die wichtigsten Materialien vorgestellt und geeignete Techniken und Stilmittel gezeigt. Es ist nicht notwendig, eine neue Technik oder die Handhabung eines neuen Mediums zu erlernen, aber man sollte verschiedene Werkzeuge und Materialien einfach einmal ausprobieren.

Die Grundlagen der Anatomie werden behandelt, ebenso einfache Methoden, Formen zu entwickeln. Ein Problem beim Darstellen von Tieren ist, dass sie meist in Bewegung sind, sie setzen sich eben nicht in Pose. In Kapitel 4 werden Möglichkeiten gezeigt, Tiere schnell zu skizzieren und nur das Wesentliche zu erfassen.

Kapitel 5 beschäftigt sich damit, aus einer Skizze oder einer Arbeitszeichnung ein fertiges Gemälde zu entwickeln. Dabei geht es um die Komposition des Gemäldes mit Hilfe der perspektivischen Darstellung, wobei eine Perspektive durch lineare Darstellung erreicht werden kann, aber auch durch farbliche Abstufung. Auch der Blick auf Fotografien kann bei der Gestaltung eines Bildes hilfreich sein. Ebenso enthält Kapitel 5 Hinweise zum Arbeiten vor Ort und dazu, wie man Motive erkennt und auswählt.

In Kapitel 6 werden anhand von Fragen und Antworten typische Probleme behandelt. Hier kann man immer wieder nachschlagen, wenn man nicht weiterkommt.

Das vorliegende Buch soll Anregungen geben und informieren. Es ist in erster Linie als Nachschlagewerk gedacht, auf das man bei auftretenden Problemen zurückgreifen kann. Denn schließlich geht es beim Malen vor allem darum, selbst aktiv zu werden, statt nur in Büchern darüber zu lesen.

KAPITEL I

Künstlermaterial, Zeichen- und Maltechniken

Das vorliegende Buch befasst sich vorwiegend mit Bleistiftzeichnungen und Aquarellen, weil diese sich auf Grund des großen Gestaltungsspielraums besonders zur Darstellung von Tieren eignen. Die Autorin selbst bevorzugt ebenfalls diese Techniken. Trotzdem steht dem Künstler eine breite Palette anderer Ausdrucksmittel zur Verfügung, die vielfach sogar mit der Aquarellmalerei kombiniert werden können.

Die für eine bestimmte Studie geeignete Technik sollte mit Sorgfalt ausgewählt werden. Nehmen wir an, wir wollen zwei Zeichnungen anfertigen, die eine soll einen Elefanten darstellen, die andere eine Maus. Der erhebliche Größenunterschied erfordert unterschiedliche Methoden des Herangehens. Die feinen, zarten Linien eines Bleistifts scheinen das Richtige für die Maus zu sein, während der breitere, kräftige Strich der Zeichenkohle für den Elefanten geeignet ist. Wer noch nie mit Kohle gezeichnet hat, mag der Versuchung unterliegen, beide Tiere mit Bleistift zu zeichnen, weil er diese Technik gut beherrscht.

Dieser Teil des Buches beschäftigt sich mit den Eigenheiten und Möglichkeiten verschiedener anderer Zeichen- und Maltechniken, wobei besonders solche erörtert werden, die auf Wasserbasis beruhen oder leicht mit Techniken auf Wasserbasis kombiniert werden können. Diese Ausführungen sollen dazu ermutigen, die faszinierenden Möglichkeiten verschiedener Medien beim Zeichnen und Malen zu erforschen.

GRAPHITBLEISTIFTE

Die Palette der Graphitstifte, die wir fälschlicherweise „Blei"stifte nennen, reicht von hart (gekennzeichnet mit „H") bis weich (gekennzeichnet mit „B"), wobei der Härtegrad auf der Holzfassung in Form einer Zahlen-Buchstaben-Kombination angegeben ist. Es gibt Gradierungen von 8H (größte Härte) über 7H, 6H, 5H, 4H, 3H, 2H, H, HB, B, 2B, 3B, 4B, 5B, 6B, 7B, 8B bis hin zu 9B, welches die weichste Mine kennzeichnet. Die H-Bleistifte sind sehr hart und werden hauptsächlich von technischen Zeichnern für scharfe, präzise Linien eingesetzt. Der Nachteil harter Minen besteht darin, dass sie Eindrücke im Papier hinterlassen, die der Radiergummi nicht entfernen kann. Allerdings kann dieser Effekt unter Umständen gewollt und zweckentsprechend eingesetzt werden wie beispielsweise bei der auf Seite 57 dargestellten Maus.

Die für den Künstler am meisten geeigneten Minen sind

Verschieden harte bzw. weiche Bleistifte erzielen auf demselben Papier unterschiedliche Effekte.

Bleistiftzeichnung eines Esels auf glattem weißen Zeichenkarton. Die Konturen wurden mit einem HB-Bleistift gezeichnet, mit 2B wurde die helle „Tönung" flächig aufgebracht, die dunkleren Töne mit 5B und 9B erzielt.

TIPP: *Mit dem Graphitstaub, der beim Spitzen eines weichen Bleistifts anfällt, kann ein weiches, rauchiges* Sfumato *erzielt werden. Mit einem angefeuchteten Finger wird der Staub aufgenommen und über die Zeichnung gewischt, wobei die übrige Zeichnung, wenn notwendig, mit Papierstückchen abgedeckt wird.*

die von HB bis hin zu 9B, wobei 2H nützlich ist, um eine Zeichnung zu umreißen, die dann mit weicheren Stiften schattiert wird. Beim Skizzieren ist 2B vielseitig einsetzbar, da mit dieser Mine ebenso zarte, feine Linien gezeichnet werden können wie starke, dunkle, wenn man etwas aufdrückt. Die Autorin empfiehlt die Auswahl von 2H, 2B, 5B und 9B für das Zeichnen und Schattieren, wobei der weichste Bleistift (9B) tief dunkle, samtige Effekte erzielt.

Weiche Bleistifte müssen öfter gespitzt werden als harte. Dazu ist ein scharfes Messer zu empfehlen, da sich das Minenende damit kontrolliert formen lässt. Dagegen bricht bei Bleistiftspitzern oft die Graphitspitze ab. Zum Umreißen einer Form eignet sich eine kegelförmige Spitze, zum Schattieren dagegen eine keilförmig abgeflachte. Für das eilige Arbeiten im Freien ist meist ein einziger 2B-Bleistift ausreichend. Man beginnt mit einer gut gespitzten Mine, und während sie sich abnutzt, kann man damit Schattieren, indem man sie seitlich ansetzt. Jedenfalls sollten Zeichenstifte immer gut gespitzt bzw. je nach Bedarf scharf abgeflacht sein, um beste Ergebnisse zu erzielen. Mehr Zeichnungen misslingen, weil der Stift nicht gespitzt ist, als auf Grund einer schlechten Zeichenleistung an sich.

Wasservermalbare Graphitbleistifte

Wasservermalbare Graphitstifte eignen sich besonders zum Skizzieren. Sie können trocken ebenso angewandt werden wie nass, aber auch in Kombination von beiden; es gibt sie in verschiedenen Härtegraden von mittel bis sehr weich. Selbst mit den härteren Minen können tiefe, dunkle Töne erzielt werden. Diesen intensiven Schwarztönen stehen die feinen Linien gegenüber, die dieselben Stifte hervorbringen, wenn sie mit leichter Hand geführt werden. Wer schnell skizziert, wünscht sich ein einzelnes Zeichengerät, das vieles kann. Denn wechselt man den Stift, hat sich währenddessen das Tier, das man zeichnet, vielleicht schon wieder bewegt. Und, was wichtiger ist, durch den Griff nach einem anderen Stift wird die Einheit, die Hand und Auge bilden, gestört und die Konzentration des Zeichners auf Motiv und Bild unterbrochen.

Wie der Name verrät, können die Pigmente dieser Graphitstifte in Wasser gelöst werden, indem man mit einem nassen Pinsel über die Bleistiftstriche streicht. Nach dem Trocknen kann man mit Bleistift wiederum darüber arbeiten. Beim eiligen Zeichnen im Freien hat sich eine Methode bewährt, bei der man kritzelnd zeichnet und dies mit Speichel verwischt: Um weiche Töne und feine Übergänge zu erhalten und bei der Helldunkelmalerei, auch Chiaroscuro genannt, (italienisch *chiaro:* hell; *oscuro:* dunkel) werden bestimmte gekritzelte Stellen akzentuiert, indem man sie mit einem angefeuchteten Finger verwischt und somit die Pigmente feiner verteilt. Auf diese Weise kann mit minimalem Materialaufwand schnell gezeichnet werden.

Dieser Kopf eines Ponys wurde mit einem wasservermalbaren Graphitbleistift gezeichnet. Die unterschiedlichen Töne wurden durch einen teils trocknen, teils nassen Auftrag der Graphitpigmente erreicht.

Zeichenkohle

Kohle wird in dünnen oder dicken Stäbchen oder auch in komprimierter Bleistiftform angeboten. Sie eignet sich hervorragend für groß angelegte Zeichnungen. Dies könnte der Grund dafür sein, dass sie von Anfängern, die ihre Hemmungen erst überwinden müssen, gemieden wird, es sei denn, sie werden im Zeichenunterricht damit konfrontiert. Ein anderer Grund könnte sein, dass das Zeichnen mit Kohle Schmutz verursacht, außerdem lässt sich Kohle nur schwer radieren. Man ist versucht, die Zeichenkohle wie einen Bleistift zu handhaben, doch dieser Ansatz führt in die falsche Richtung. Selbstverständlich können auch mit Kohle kräftige Linien gezeichnet werden, aber sie eignet sich in erster Linie zum großflächigen Schattieren und Abstufen der Töne. Hier können die zartesten und feinsten Übergänge von Hell nach Dunkel geschaffen werden. Beim Zeichnen mit Kohle lernt man sehr gut, mit Abstufungen und Schattierungen umzugehen. Anfänger sollten immer erst mit Kohle üben, bevor sie zum farbigen Zeichnen übergehen. Zeichenkohle wirkt auf glatterem Papier am besten, wobei Georges Seurat (1859–1891) einige herausragende Zeichnungen auch auf stark strukturiertem Papier ausführte. Kohle sollte man mit einem sehr weichen Knetgummi radieren, allerdings weniger, um Fehler auszumerzen, als um weiche Schattierungen zu schaffen und helle Stellen herauszuheben.

Oben rechts: Zeichenkohle eignet sich besonders für Abstufungen und Schattierungen und kann sehr vielfältige Effekte erzielen. Sie kann spröde und faserig oder weich und fließend wirken, etwas Druck beim Auftragen lässt den Strich samtig erscheinen. Der Löwe wurde mit einem kurzen Kohlestäbchen von Hell nach Dunkel gezeichnet. Ein sparsam eingesetzter Knetgummi und ein Papierwischer gaben Mähne und Barthaaren Lebendigkeit und Plastizität.

Künstlerfarbstifte

Die Kombination von Farbstiften und Aquarellfarbe kann schöne Ergebnisse hervorbringen. Farbstifte können einer flachen Aquarelllasur Struktur verleihen sowie Farbtöne intensivieren oder aufhellen, ohne dass man eine weitere Aquarellfarbschicht auftragen muss. Mit Farbstiften allein kann man Details sehr genau herausarbeiten. Auf fast jeder Papierstruktur können die Pigmentschichten nach und nach aufgetragen werden, wobei sich glattes Zeichenpapier besonders eignet. Und mit Farbstiften lässt sich sehr kontrolliert malen, während Aquarellfarbe recht unberechenbar sein kann. Deshalb wohl wählen Schüler besonders gern Farbstifte.

Gute Künstlerfarbstifte sollten in einem Spezialgeschäft für Künstlerbedarf gekauft werden. Anstatt einen teuren, großen Kasten mit vielen Farben sollte man einzelne Stifte kaufen und eine eigene Auswahl zusammenstellen. Die fertigen Kästen enthalten oft eine begrenzte Anzahl

Bei dieser Studie eines Kätzchens entwickelte der Künstler nach und nach die Form mit Aquarellstiften, deren Spitze mit Wasser befeuchtet wurde. Trockene Farbpigmente wurden hinzugefügt, um eine Oberflächenstruktur zu schaffen und Details auszuarbeiten.

Dieser Kolibri entstand mit trockenen Farbstiften auf Zeichenpapier. Die Farben wurden gezielt nach und nach aufgetragen, wobei mit den hellsten begonnen wurde. Die Flügel wurden leicht verwischt, um das Flirren anzudeuten, das durch den schnellen Flügelschlag entsteht.

Unten: Das Lamm wurde als Aquarell gemalt, die Oberflächenstruktur mit Farbstiften herausgearbeitet. Bei dieser Technik ist darauf zu achten, dass das Bild trocken ist, bevor mit Farbstift darüber gemalt wird.

TIPP: *Weiße Farbstifte eignen sich besonders, um Barthaare gegen dunkles Fell abzuheben.*

von schlecht aufeinander abgestimmten Farben, noch dazu größtenteils Primärfarben. Eine eigene Auswahl entspricht mehr dem persönlichen Bedarf. Tertiärfarben (Sekundärfarben 2) wie Grautöne, olivgrüne und gelbbraune Töne sind besonders zu empfehlen. Wie Bleistifte sollten auch Farbstifte immer gut gespitzt sein. Zusammen mit den Aquarellfarben aufbewahrt, sind sie immer zur Hand, wenn sie gebraucht werden.

Empfehlenswert sind wasservermalbare Farbstifte oder Aquarellstifte, die feucht ebenso gut angewandt werden können wie trocken. So hat man zwei in einem – Farbstift und Aquarellfarbe. Die Pigmente wasservermalbarer Stifte in Wasser aufgelöst geben eine dünne Farbschicht. Es bietet sich an, Farbstifte auf einem Aquarell trocken anzuwenden und dann die Pigmente mit einem nassen Pinsel zu verwaschen. Eine andere Methode besteht darin, die Spitze des Stiftes anzufeuchten. Oder man nimmt die Pigmente mit einem feuchten Pinsel direkt von der Stiftspitze auf und bringt sie mit dem Pinsel aufs Papier. Aquarellstifte ergeben zwar nicht die satten und intensiven Farbaufträge herkömmlicher Aquarellfarben, ein „Stiftaquarell" kann im Vergleich zu einem richtigen Aquarell mager aussehen, aber bei kleineren Bildern kann man Details und Farbtiefe gut herausarbeiten.

Aquarellstifte werden gern im Urlaub benutzt, da sie leicht zu transportieren und einfach in der Anwendung sind. Trotzdem sollte man sich ihrer Grenzen bewusst sein – für schnell erstellte Farbskizzen sind sie ungeeignet, da diese Technik Geduld, Ausdauer und viel Zeit erfordert.

Aquarellstifte werden von diversen Herstellern angeboten. Beim Kauf sollte man darauf achten, dass sie sich möglichst weich anfühlen, denn dann erzielen sie eine bessere Farbtiefe und reiben sich leichter ab.

Wasservermalbare Farbkreiden

Diese mit Wachs gebundenen und in Stiftform gepressten Pigmente können trocken angewandt werden wie Künstlerkreiden oder nass wie Aquarellfarben. Sie ähneln den Aquarellstiften, hinterlassen aber gröbere und breitere Spuren auf dem Papier. Die Farbpalette ist begrenzt, aber man kann die Pigmente auf dem Papier gut mischen. Mit diesen Kreiden sollte man auf schweren Papiersorten malen, sie können wie Pastellkreiden verarbeitet werden. Es lohnt sich auszuprobieren, sie in kleine Stücke zu zerbrechen und die Pigmente mit der Längsseite des Stücks aufzutragen. Man kann die Pigmente trocken auf das Papier bringen und dann erst anfeuchten oder die Spitze der Kreide vor dem Malen anfeuchten, und man kann Farbkrümel in etwas Wasser auflösen und dann als Farblösung mit dem Pinsel auftragen. Außerdem können Aquarelle mit diesen Kreiden trocken übermalt werden.

Oben: Auge in Auge mit einer Kuh, gemalt mit Neocolor 2 wasserlöslichen Malkreiden auf Aquarellpapier.

Tuschezeichnungen

Mit Feder und Tusche lassen sich feine Details darstellen oder, großzügiger und fließender eingesetzt, schnelle oder flüchtige Bewegungen einfangen. Der Charakter des Strichs hängt dabei von der Art der Feder ab. Tusche kann mit Aquarellfarbe kombiniert werden. Zeichnet man erst mit Tusche und malt dann mit Aquarellfarbe, ist dies das klassische Kolorieren, es entsteht eine kolorierte Federzeichnung. Aber auch die umgekehrte Reihenfolge, erst die Aquarellmalerei, dann die Tuschelinien, ist möglich.

Federhalter Einfache Federn werden durch Eintauchen mit Tusche, Tinte oder Aquarellfarbe versehen. Es entstehen vielfältige und charaktervolle Linien und Striche. Viele Künstler bevorzugen diese Technik, die allerdings Nachteile hat: versehentliche Kleckse durch zu viel freigegebene Tusche oder durch Papierfasern verstopfte Federn. Beim Kauf sollte man ausdrücklich Zeichen- oder Ziehfedern verlangen, um nicht versehentlich Kalligraphiefedern ausgehändigt zu bekommen.

Füllfederhalter Füller sind praktisch, wenn man kein anderes Zeichengerät zur Verfügung hat. Die Federn sind jedoch zum Zeichnen zu steif, mit ihnen lassen sich aber fließende Linien und Hervorhebungen gestalten.

Tusche Für Federn bzw. Federhalter nimmt man Zeichen- oder Ausziehtusche, die in vielen Farben von Schwarz bis Weiß erhältlich ist. Schwarz und Dunkelbraun werden oft bevorzugt. Füllfederhalter werden mit Füllertinte gefüllt, auf keinen Fall mit Ausziehtusche.

Unten: Bei dieser Tuschezeichnung schraffierte der Künstler die Schatten, die Gestaltung der Texturen von Bulle und Hund bringt „Farbe" ins Bild. Schwarze Ausziehtusche wurde mit einer Gillot-Zeichenfeder Typ 303 aufgetragen, die Konturen waren zuerst mit Bleistift skizziert und nach dem Trocknen der Tusche wieder entfernt worden.

TECHNISCHE ZEICHENSTIFTE Entwickelt für technische Zeichner und Grafikdesigner, finden diese Stifte auch in der Kunst ihre Anwendung. Statt einer Feder haben sie eine Skribentspitze und werden mit speziellen Tuschepatronen gefüllt. Sie zeichnen einen feinen, gleichstarken Strich, sie werden in verschiedenen Stärken angeboten. Ihnen fehlt der ganz eigene Charakter einer Ausziehfeder, aber ihre Anwendung ist einfacher und sauberer.

Oben: Technische Zeichenstifte eignen sich gut zum Skizzieren. So konnte der Künstler den Kopf dieser Robbe schnell zeichnen, die Schattierungen wurden mit Kreuzschraffur herausgearbeitet.

FILZSTIFTE Es gibt sie in vielen Farben, manche davon sehr zart; man kann reine Filzstiftzeichnungen anfertigen oder Filzstifte bei Aquarellen einsetzen. Es gibt breite und schmale Spitzen, manche Stifte haben zwei verschieden starke Kuppen, und manche Filzstifte sind wasservermalbar, wodurch hellere Farbabstufungen erzielt werden können. Zum Skizzieren sind sie ideal, mit ihnen lassen sich Motive schnell und einfach einfangen. Bei wasservermalbaren Filzstiften reicht ein angefeuchteter Finger, um die Tinte zu verwischen und die Farbpigmente zu verdünnen. Und wenn ein Pinsel zur Hand ist, aber kein Wasser, dann tut es zur Not auch eine andere Flüssigkeit. Eine Anekdote soll dies illustrieren: Die Autorin saß einst auf dem Balkon eines Freundes in Kanada, als ein Kolibri heranflog und in einem nahen Gesträuch in der Luft stehend verweilte. Sie zeichnete den Vogel mit einem wasservermalbaren Stift und hätte das Flimmern der vibrierenden Flügel durch Verwischen darstellen können. Ein Pinsel war vorhanden, aber kein Wasser, und wenn sie aufgestanden wäre, um welches zu holen, wäre der Kolibri auf und davon geflogen. Der Ausweg aus dem Dilemma lag denkbar nahe, die Studie wurde mit Gin Tonic vollendet!

Unten: Bei dieser Darstellung von Schafen in einer Moor- und Heidelandschaft wurde mit farbigen Filzstiften mit breiter, keilförmiger Spitze über ein leicht koloriertes Aquarell gemalt, um die weiche Farbgebung des Weges, aber auch die Schafe und die Vegetation zu gestalten.

Oben: Filzstifte eignen sich gut zum Skizzieren, für die Darstellung dieser Lämmer waren sie geradezu ideal. Wasservermalbare Filzstifte können mit Wasser verdünnt werden, um hellere Farbabstufungen zu erzielen. Bei billigeren Marken sollte man testen, ob die Farben lichtecht sind für den Fall, dass man die Skizzen längere Zeit aufbewahren möchte.

PINSELMALER Pinselmaler sehen wie Stifte aus, haben aber eine aus Fasern bestehende, pinselartige Spitze. Mit ihnen kann man ähnlich markant zeichnen wie mit einem richtigen Pinsel. Manche dieser Pinselmaler haben zwei unterschiedliche Spitzen, sind damit Pinsel und Filzstift in einem. Sie eignen sich gut zum Skizzieren.

KUGELSCHREIBER Kugelschreiber sind zum Skizzieren geeignet, aber sie können klecksen, meist dann, wenn man es nicht erwartet. Am besten zeichnet man damit Linien.

SELBST GEMACHTE FEDERN Man kann Cocktailspieße, Zweige, Federkiele und Bambusstäbchen zum Zeichnen benutzen. Alle diese Dinge können zwar im Vergleich zu industriell gefertigten Stiften und Federhaltern nicht viel Tinte speichern, aber sie hinterlassen einen jeweils ganz eigenen, ausdrucksvollen Strich. Bambus und Federkiele werden spitz zulaufend zurechtgeschnitten. Federkiele kann man noch spitzer machen, indem man an den Seiten weitere schräg verlaufende Schnitte anbringt.

Links: Form und Oberflächengestaltung dieser Katze mit langhaarigem Fell sind sehr gut mit Pinselstrichen umgesetzt worden, ausgeführt mit einem Pinselmaler. Mit Wasser lässt sich das Pigment verdünnen, um hellere Farbabstufungen zu erzielen.

Links: Zweige stellen ein interessantes Zeichengerät dar und sind zudem ein wenig biegsam. Den eigenen linearen Charakter sollte man in die Zeichnung einfließen lassen, anstatt einen Zeichenstil durchsetzen zu wollen, der der Natur des Zweiges zuwider läuft. Kleckse und verschmierte Stellen braucht man nicht unbedingt zu entfernen, da sie die Zeichnung lebendig machen.

Unten rechts: Eine Bambusfeder mit Tusche gab diesem Gorilla seine kräftige und massige Form, die Linien wirken fest und schwer. Ein Bambusstöckchen von der Stärke eines kleinen Fingers wurde zur Zeichenfeder zurechtgeschnitten. Bambusfedern können keine Tinte speichern und müssen unablässig eingetaucht werden, weshalb sie sich weniger für die Arbeit im Freien eignen und eher auf den Einsatz im Atelier beschränkt sind.

Oben: Dieser Kopf eines Tigers wurde mit dem Kiel einer trockenen, harten Feder gezeichnet. Als „Urvater" aller Federn bringt ein Federkiel recht unterschiedliche Striche und Linien hervor und kann damit sehr sensibel und differenziert zeichnen.

SCHABEKARTON

Schabekarton ist industriell hergestellter, dünner Karton, der mit einer festen Kreideschicht und schwarzer oder weißer Tinte überzogen ist, die durch Schaben oder Kratzen entfernt wird. So entsteht ein Bild. Man kann weißen Karton mit einer Schicht Tinte jedweder Farbe überziehen, trocknen lassen und eine Darstellung herauskratzen. Das Ergebnis ähnelt einem Holzschnitt, aber die Linien sind feiner – eher wie bei einem Stahlstich – und viel leichter herzustellen. Spezialschaber sind im Handel erhältlich, ein alter Nagel oder eine kleine, scharfe Klinge eignen sich auch. Holzschnittwerkzeuge ebenso, sie sind aber teuer. Der berühmte englische Illustrator Charles Tunnicliffe (1901–1979), bekannt für seine Studien von Vögeln und Tieren, arbeitete in seinem Spätwerk mit Schabekarton. Fachgeschäfte für Künstlerbedarf führen Komplettsätze mit Schabekarton und entsprechenden Werkzeugen.

AQUARELLFARBE

Aquarellfarbe wird in zweierlei Form angeboten: In der Tube ist sie weich und feucht, im „Näpfchen" fest und trocken. Es gibt zwei Qualitätsstufen: Künstlerqualität und Studienqualität, jeweils in der Tube oder im Näpfchen. Künstlerfarben sind teurer, weil der Anteil an Farbpigmenten gegenüber dem Bindemittel höher und der Pigmentstoff feiner gerieben ist. Studienqualität ist billiger, enthält mehr Bindemittel, ist nicht ganz so fein gerieben und meist in einer begrenzten Farbauswahl erhältlich. Studienfarben sind meist völlig ausreichend, nur verarbeiten sich einige nicht ganz so gut, die Farbe haftet mitunter schwer am Pinsel.

Die Aquarelle im vorliegenden Buch wurden mit Farben aus der Reihe „Van Gogh" der Firma Royal Talens gemalt, die qualitativ zwischen Künstler- und Studienfarben liegen. Sie haben die Zusammensetzung von Künstlerfarben und fühlen sich auch so an, sind auch fast genauso lichtecht, der Einzelhandelspreis liegt aber bei dem der Studien-Aquarellfarben. Es gibt sie in Tuben und Näpfchen, als komplette Malkästen oder als Einzelfarben.

Aquarellfarbe hat einzigartige Eigenschaften. Ihre Transparenz und Zartheit faszinierte die Künstler schon immer. Sie ist für das Malen von Tieren wie geschaffen, denn dieses Unmittelbare passt zu lebendigen Motiven: sie kann den Fluss von Bewegungen besser als fast jedes andere Medium festhalten.

Aquarellfarbe wird als Lösung auf den Untergrund aufgetragen, die Farbpigmente werden also mit Wasser verdünnt. Die Kunst bei der Aquarellmalerei liegt darin, das Verhalten dieser Farblösung zu kontrollieren. Die Erfahrung lehrt uns, dass gerade dies das Schwierige ist, hier passieren die Fehler. Immer wieder kann man beobachten, dass zu viele Farbschichten übereinander aufgetragen werden, wodurch grauer, unsauberer Farbschlamm entsteht. Außerdem ist es schwierig, Fehler zu korrigieren, deshalb mag man zu zaghaft sein, zu wenig Farbe aufbringen – das Ergebnis ist ein kümmerliches Bild, nur der Schatten eines richtigen Aquarells. Ein Aquarell soll leichtfüßig und beschwingt wirken, auch wenn wir wissen, dass es alles andere als leicht ist, eins zu malen.

FEHLER VERMEIDEN

Die folgenden Hinweise werden Ihnen helfen, die häufigsten Fehler zu vermeiden:

- Wählen Sie das richtige Papier für Ihr Motiv.
- Benutzen Sie, wenn möglich, große Pinsel. Kleine sollten der Detailarbeit vorbehalten bleiben.
- Bemühen Sie sich, nicht mehr als drei Farbschichten übereinander aufzubringen.
- Beschränken Sie die Anzahl der in einem Bild benutzten Farben auf vier, höchstens fünf, sodass sie in Zusammenhang zueinander stehen können.
- Seien Sie großzügig beim Farbauftrag. Aquarellfarbe wird beim Trocknen heller; Sie werden dem gewünschten Farbton näher kommen, wenn Sie übertreiben.
- Sparen Sie sich jegliche Detailarbeit für das letzte Stadium des Bildes auf. So werden Sie sich nicht verzetteln.
- Arbeiten Sie von Hell nach Dunkel und vom Hintergrund zum Vordergrund. Das bedeutet, dass auf dem Papier von oben nach unten gearbeitet wird. Wenn Sie zum Beispiel eine Landschaft malen, legen Sie zuerst den Himmel fest, dann kommt die mittlere Entfer-

Graues Bockingford Aquarellpapier hält durch seine einheitliche Farbe das Bild der drei im Wasser watenden Pferde zusammen.

Diese Landschaft mit Ernteszene wurde als Aquarell ausgeführt und mit einer schwachen Lösung gelber Tusche übermalt, um interessante Effekte zu erzielen und die einzelnen Farben aufeinander abzustimmen. In der Mitte wurde ein Streifen ausgelassen, wo man die ursprünglichen Farben noch erkennen kann.

nungsebene, zuletzt der Vordergrund. Tiermotive sollten entsprechend der Ebene im Bild, in die sie gehören, gemalt werden.

FEHLER BEHEBEN

- Schüler brauchen Selbstvertrauen und Sicherheit. Ein wichtiger Aspekt dabei ist das Wissen um Möglichkeiten, Fehler, die passiert sind, zu kaschieren oder auszumerzen.
- Wenn das Bild nur noch eine einzige Schlammpfütze ist, hilft unter Umständen die übermäßige Farbe unter einem sanften Wasserstrahl abzuwaschen und die misslungenen Stellen nach dem Trocknen noch einmal zu malen. Diese Methode setzt ein robustes Papier voraus, das mindestens 300g/m² schwer sein sollte.
- Zu zaghaft oder zu spärlich gemalte Bilder können mit Tusche verbessert werden. Das stärkt und betont die Zeichnung und lenkt von der Malerei ab.
- Um Farben aufzufrischen oder Oberflächen zu strukturieren eignen sich Pastellkreide oder Farbstift.
- Eine schwache Lösung mit gelber Ausziehtusche auf das gesamte Bild aufgetragen lässt Farben, die nicht gut zueinander passen, harmonisch erscheinen.

Diese Lämmer wurden vor Ort gemalt, sie mussten also schnell festgehalten werden. Die Verwendung von glattem Papier ermöglichte leichte und schnelle Pinselstriche.

Nützliches Zubehör und Hilfsmittel für die Aquarellmalerei

Maskierflüssigkeit Diese Latexflüssigkeit wird auf Stellen aufgebracht, die vor weiteren Farbaufträgen geschützt werden sollen. Man kann sie mit einer Feder oder einem billigen Pinsel auftragen, den man mit Seifenwasser reinigt. Wenn das Bild fertig ist, kann der Maskierfilm mit einem Tuch oder einem weichen Radiergummi abgerubbelt werden.

Oben: Maskierflüssigkeit wurde beim leicht vorgezeichneten Zebrafohlen auf die Stellen aufgetragen, die weiß bleiben sollen. Nach dem Trocknen wurde die gesamte Form mit einem dunklen Farbauftrag überzogen, auch dunkle Schattierungen und Details wurden dabei abgedeckt. Als diese Farbschicht trocken war, wurde der Maskierfilm vorsichtig abgerubbelt, darunter war das Papier weiß geblieben. Daraufhin wurden die Schattierungen dieser weißen Stellen und weitere Details gearbeitet.

Ochsengalle Ochsengalle dient als Netzmittel zum Entfetten von Untergründen und als Verlaufsmittel für Aquarellfarben.

Gummiarabikum Gummiarabikum wird als Bindemittel für Aquarellfarben eingesetzt. Mengt man einer Farblösung zusätzliches Gummiarabikum bei, verbessert dies den Verlauf der Farbe und erhöht ihre Brillanz. Es eignet sich besonders für großflächiges Malen.

Wachskerzen Mit Hilfe von Wachskerzen kann man die Oberflächenstruktur bei Aquarellen gestalten, weil das Wachs verhindert, dass die damit behandelten Stellen Farbe aufnehmen. Für die Gestaltung von Oberflächen wie Gestein und Mauerwerk im Vordergrund eignet sich diese Technik besonders gut. Weihnachtsbaumkerzen haben eine handliche Größe. Das Wachs kann nicht mehr entfernt werden und wird Teil der fertigen Bildoberfläche.

Salz Streut man Salz auf feuchte Farbe, erhält man eine kristalline Struktur. Um den richtigen Zeitpunkt beim Trocknen der Farbe und die richtige Farbstärke der Lösung zu finden, muss man mit dieser Technik experimentieren. Wenn die Farbe vollends getrocknet ist, schüttelt man das Salz herunter.

Naturschwämme Naturschwämme ergänzen das Arbeitsgerät, mit ihrer Hilfe kann man Farbpfützen aufsaugen, frische Farbe auswaschen und bestimmte Oberflächenstrukturen gestalten. Zum Beispiel macht man einen Schwamm mit sauberem Wasser nass, drückt ihn sorgfältig aus und betupft damit feuchte Farbaufträge, das ergibt eine

Unten: Ein Naturschwamm kam bei der Gestaltung dieses Seehundes zum Einsatz. Die Farblösung muss recht stark sein und nur einen geringen Wasseranteil aufweisen, um solch eine Struktur zu erzielen.

Oben: Wachs kann eingesetzt werden, um ein Aquarell zum Leuchten zu bringen und um ihm Struktur zu verleihen. Bei diesem Bild, das Schafe vor einem kleinen Bauernhaus darstellt, wurde an einigen Stellen mit einer schmalen Kerze über das Papier gerieben, bevor die Aquarellfarbe aufgetragen wurde. Diese Methode will gut geplant sein. Durch das Wachs nimmt das Papier an diesen Stellen kein Wasser und damit auch keine Farbe auf, als Effekt ist die Farbschicht unterbrochen. Das Wachs kann nicht mehr entfernt werden!

Unten: Dieses Pony wurde mit Gouache gemalt. Die Farbe wurde ziemlich dick aufgetragen, beginnend mit den dunklen Farben, die mit helleren übermalt wurden.

gesprenkelte Oberfläche. Kleine Naturschwämme werden im Künstlerbedarf angeboten.

Gouachefarbe

Gouachefarben sind deckende Wasserfarben. Bei reiner, transparenter Aquarellfarbe ist die hellste Farbe die des Papiers, Farben werden aufgehellt, indem man sie mit Wasser verdünnt. Bei Gouache kann der Farbe Weiß beigemengt werden, um sie aufzuhellen. Da Gouache deckt, können außerdem dunkle Farben mit hellen übermalt werden, man kann also von Dunkel nach Hell arbeiten. So können bei einem Aquarell Details mit Gouachefarbe hinzugefügt werden, allerdings sollte man die luftige Transparenz reiner Aquarellfarbe dabei nicht zunichte machen.

Da sich Gouache nach dem Trocknen etwas kreidig anfühlt, kann sie, wenn nötig, mit einem Fixativ behandelt werden. Ein Gouachebild sollte, genau wie ein Aquarell, einen Glasrahmen erhalten.

Pastellkreide

Es gibt vier verschiedene Formen von Pastellkreide. Harte und weiche Pastellkreide besteht aus trockenem, pulverisiertem Farbpigment, das mit gerade genug Gummiarabikum oder Tragakanthharz versetzt ist, um es zu binden und zu härten. Die Mischung wird in Stäbchenform gepresst und getrocknet. Harte Pastellkreide enthält im Verhältnis mehr Bindemittel als weiche. Es gibt sie auch in Form von Pastellkreidestiften. Pastell-Ölkreide wird mit einer Mixtur von Ölen und Wachsen gebunden.

Alle diese Arten von Pastellkreide können für sich allein angewandt oder mit vielen anderen Zeichentechniken kombiniert werden, wobei Pastell-Ölkreide sich nicht mit anderer Pastellkreide verträgt. Alle Pastellkreiden können auf Aquarelle aufgetragen werden, um der Farboberfläche Struktur und Dynamik zu verleihen. Ein Aquarell, das flach und kontrastarm ausgefallen ist, kann man mit Pastellkreide zu „retten" versuchen.

Harte und weiche Pastellkreide

Die härteren Pastellkreidesorten einschließlich der Contékreiden eignen sich für einen linearen, schraffierenden Farbauftrag, weiche dagegen mehr für an der Malerei angelehnte Techniken.

Traditionell malt man Pastelle auf getöntem Papier, vielfach auch Ingrespapier genannt (nach dem großen französischen Maler Jean Dominique Ingres, 1780–1867). Getöntes Papier gibt es in vielen verschiedenen Farbabstufungen. Man sollte eine Papierfarbe wählen, die zu dem Motiv passt und mit den hauptsächlich verwendeten Farben harmoniert oder in Kontrast steht. Die Farbe des Untergrunds darf durch die Zeichnung schimmern und damit Teil des Bildes werden. Wer möchte, kann natürlich auch weißes Papier nehmen, auch eignet sich glattes Papier durchaus für die Pastellmalerei. Aquarellpapier, alte Pappe und feines Sandpapier eignen sich ebenfalls. Spezieller Pastellkarton bietet eine angenehme, leicht raue Oberfläche.

Wenn man mit Pastellkreide malt, verursacht die Reibung zwischen Stift und Papier, dass sich Pigmentpulver löst und auf der Papieroberfläche sammelt. Die winzigen Farbpartikel stehen aufrecht auf der Papieroberfläche. Je nach Motiv kann man zwischen verschiedenen Techniken wählen. Die Farben sind deckend, man kann also erst dunkel und dann hell darüber malen, aber bei an sich blassen oder zarten Bildern beginnt man besser mit den helleren Farben.

Die Farben können vor dem Auftrag nicht gemischt werden, also sollte man eine große Auswahl an Stiften verschiedener Farbtöne und Nuancen zur Verfügung haben.

Oben: Das schön gezeichnete Fell dieses Tigers wurde mit Pastell-Ölkreide auf schwerem Zeichenpapier ausgeführt. Der Künstler trug die Farbe von Hell nach Dunkel auf, da die hellen Töne überwiegen. Wo nötig, wurde die Farbe mit einem Papierwischer verwischt.

Links: Mit weicher Pastellkreide wurde dieses leuchtend orange Huhn gemalt, das vor Farbe zu glühen scheint. Es auf einen bläulichvioletten Grund zu setzen – Blauviolett ist die Komplementärfarbe zum Orange des Motivs – gibt dem Bild Kontrast, der Farbe maximale Leuchtkraft und Intensität.

Bei dieser Studie einer jungen Katze malte der Künstler mit Pastell-Ölkreide über Aquarellfarbe, um eine interessante Oberflächenstruktur zu erzielen. Mit Pastell-Ölkreide oder weicher Pastellkreide kann auch ein flach und ausdruckslos geratenes Aquarell „gerettet" werden.

Mit regelmäßigen Linien in Kreuzschraffur baut man die Farbe Schicht für Schicht auf; der französische Künstler Edgar Degas (1834 – 1917) wandte diese Technik für seine Bilder mit *Frauen beim Baden* an. Je mehr man aufdrückt, umso voller wird die Farbe, somit kann man schwere, emphatische Stellen im Bild leichteren gegenüberstellen und damit die Oberfläche unterschiedlich gestalten.

Mit einem Papierwischer (ein fest gerolltes Stück Pappe) oder Wattestäbchen können Farben gemischt werden. Man sollte sich allerdings nicht dazu hinreißen lassen, zu viel zu mischen oder die Pastellzeichnung zu sehr zu überarbeiten, denn wenn die Oberflächenstruktur des Papiers einmal mit Farbe ausgefüllt und glatt gewischt ist, stehen die Farbpartikel nicht mehr aufrecht, das Bild wirkt ausdruckslos und fade.

Auch ein Fixativ kann den Ausdruck eines Bildes flach wirken lassen. Das Fixativspray sollte mit einem Abstand mindestens einer Armeslänge und nicht zu reichlich aufgesprüht werden. Viele Künstler vermeiden es gänzlich, ihre Pastelle einzusprühen.

Pastelle sind im Vergleich zu anderen Arten des Zeichens und Malens recht haltbar, aber sie können leicht beschädigt werden und sollten deshalb unter Glas aufbewahrt werden. Wenn möglich, sollte man sie rahmen lassen. Ungerahmt aufbewahrt, sollten sie nicht übereinander gestapelt werden, lässt sich das nicht vermeiden, sollte man wenigstens Seidenpapier dazwischenlegen.

Pastellkreidestifte

Diese Stifte eignen sich für lineare Techniken und die Detailgestaltung. Das Ergebnis kann knauserig wirken, wenn man nicht mit einer linearen Technik arbeitet, da die schmale Spitze der Mine es schwierig macht, große Farbflächen zu füllen.

Pastell-Ölkreide

Pastell-Ölkreiden malen auf fast jeder Oberfläche einschließlich Zeichenpapier, Aquarellpapier oder Pastellpapier. Die Farben können direkt auf dem Papier gemischt oder mit Wattestäbchen, weichem Zellstoff oder Papierwischer verwischt werden. Man kann sie auch mit Terpentin mischen, dann gehen die Bilder mehr in Richtung Ölgemälde. Da diese Farben deckend sind, kann von Dunkel nach Hell oder von Hell nach Dunkel gearbeitet und Weiß zum Aufhellen der Farben eingesetzt werden.

Pinsel, Wasserbecher, Paletten

Anderer Leute Künstlerausstattung können einen leicht einschüchtern. Man mag denken, je mehr Pinsel jemand hat, umso besser malt er. Doch das stimmt nicht. Für Aquarelle braucht man lediglich vier Pinsel, selbst drei würden ausreichen. Unerlässlich ist ein Verwaschpinsel oder Flächenpinsel, also ein dicker Rundpinsel mit weichen Haaren, mit dem man Lasuren großflächig, z. B. bei der Gestaltung des Himmels, auftragen kann – ein alter Rasierpinsel etwa lässt sich prima zum Malgerät umfunktionieren.

Auch einen mittelgroßen Pinsel braucht man. Nichts fühlt sich so an wie echtes sibirisches Kolinskyhaar oder auch Rotmarderhaar, aber aus finanziellen Gründen kann man durchaus mit Pinseln aus Synthetikfasern vorlieb nehmen, die fast ebenso gut sind. Ein runder Pinsel der Größen 6, 7 oder 8 ist das Richtige.

Zuletzt braucht man einen kleinen Pinsel für die Details. Auch hier ist Kolinsky-Rotmarderhaar am besten, Synthetik aber auch nicht schlecht. Größe 2 oder 3 ist zu empfehlen.

Mit diesen drei Pinseln kann man vermutlich alle Effekte erzielen, die man möchte, und mit etwas Pflege halten die Pinsel Jahre. So sollte man sie nicht über eine lange Zeit bis zum Hals in Wasser stehen lassen. Im Gegenteil, man sollte sie wie sein eigenes Haar behandeln und in sauberem Wasser gründlich ausspülen. Bei Benutzung von Tusche bzw. Tinte oder Öl kann auch Wasser und Seife angebracht sein. Das Wasser sollte nicht zu heiß sein.

Ein synthetischer Pinsel mit einem breiten Ende ist hilfreich beim Malen von Gebäuden, aber auch von Mähnen und Schwänzen. Fehhaarpinsel haben eine weiche Spitze und eignen sich für Zweige und Äste sowie für langes Haar oder Fell.

Chinesische Pinsel haben ähnliche Eigenschaften wie Fehhaarpinsel, sind allerdings billiger. Es gibt sie in allen Größen, die Griffe sind aus Bambus. Sie neigen dazu, Haare zu verlieren, was aber kein Problem sein muss, da die Haare nach dem Trocknen vom Bild fallen, ohne Spuren zu hinterlassen.

Für das Wasser sollte ein möglichst großes Gefäß vorgesehen sein, vorzugsweise sogar zwei. Aquarellfarben werden grau und schmutzig, wenn man schmutziges Wasser nimmt, deshalb ist es des Öfteren zu wechseln.

Zum Mischen der Farben sollte man neben dem Deckel des Malkastens auch einen großen weißen Teller oder ein Plastikbrettchen zur Verfügung haben. Eine zu kleine Fläche hat zur Folge, dass sich die Farben ungewollt vermischen, sie werden schmutzig und bekommen einen Grauschleier. Außerdem ist die gewünschte Farbe vielleicht nicht in ausreichender Menge gemischt worden, dann wird es ein spärliches Bild oder ein fleckiges, wenn die Farbe nachgemischt wird.

Zellstoff sollte nie fehlen, um Spritzer zu beseitigen, überschüssiges Wasser aufzusaugen oder sogar Wolken effektvoll zu gestalten. Kosmetiktücher eignen sich besser als Küchenpapier, da Letzteres mit seiner strukturierten Oberfläche Abdrücke hinterlässt. Nachdem bei der Gestaltung eines Tieres mit kurzem, glänzenden Fell, z. B. eines Pferdes, die mittlere Farbschicht aufgebracht wurde, kann man einmal ausprobieren, eine kleine zigarrenförmige Zellstoffrolle darüber zu rollen, um die Farbe aus den Stellen zu ziehen, die im Licht glänzen.

Papier

Der Untergrund, auf dem man zeichnet oder malt, ist genau so wichtig wie das Medium oder die Technik. Aquarellpapier wird oft für dasjenige gehalten, auf dem sich am besten malen und zeichnen lässt.

Zeichenpapier

Es ist nahe liegend, auf Zeichenpapier zu zeichnen, da es speziell für diesen Zweck entwickelt wurde, für alle Arten des Zeichnens. Man kann es als Einzelbogen kaufen, gebunden als Buch oder als spiralgehefteten oder geleimten Block. Zeichenpapier ist ziemlich glatt und eignet sich für alle möglichen Zeichengeräte wie Bleistift, Feder, Kreide, Pastell und sogar für leichte Aquarellfarblösungen. Dicke, schwere Zeichenpapiere sind leichten vorzuziehen, da sie robuster sind und angenehmer zu handhaben. Mit Feder oder Bleistift kann man da kräftig arbeiten, ohne das Papier zu durchstoßen.

Andere Materialien wie dünnes Kopierpapier oder das spezielle Reispapier eignen sich ebenfalls zum Zeichnen. Bristolkarton ist glatter weißer Karton, der sich bestens für lineare Zeichentechniken wie Tusche oder Bleistift eignet. Es gibt auch weniger preisintensive Versionen wie beispielsweise Ivorex-Karton.

Pastellpapier hat eine sehr schöne Oberfläche zum Zeichnen, besonders für Tuschezeichnungen. Ingres-Pastellpapier hat zum Beispiel eine Art gegossene Oberfläche, eine gerippte Textur, die bei der Herstellung entsteht, wenn sich das Sieb der Papiermaschine in die Papiermasse eindrückt. Aquarellpapier kann ebenfalls für Zeichnungen genutzt werden – für Bleistiftzeichnungen sollte man satiniertes oder feinkörniges wählen. Extraraues Aquarellpapier eignet sich für Kreide- oder Kohlezeichnungen.

Aquarellpapier

Besonders bei der Aquarellmalerei ist es wichtig, das richtige Papier zu wählen, denn seine Oberflächenstruktur wird sich auf das fertige Bild auswirken. Man muss sich mit den verschiedenen Papiersorten vertraut machen und sollte darauf achten, immer mal wieder die Sorte zu wechseln.

> Tipp: *Beim Kauf eines Skizzenbuches sollte man eins mit dickem Zeichenpapier wählen, das, wenn nötig, auch für Aquarelle genutzt werden kann. Wenn sich herausstellt, dass man sein bestes Bild ins Skizzenbuch gemalt hat, wäre es doch schade, wenn sich das Papier, weil zu dünn, wellte.*

Der wilde Charakter dieses Ponys wird durch weichen Bleistift auf Pastellpapier vermittelt.

Die qualitativ besten und teuersten Papiersorten sind aus Leinenhadern hergestellt. Sie haben eine weiche, absorbierende Oberfläche, für Nass-in-Nass-Techniken bestens geeignet. Handgeschöpftes Papier hat im Allgemeinen eine höhere Qualität als industriell gefertigtes. Es wird in einzelnen Bogen verkauft und hat Büttenränder. Wenn man das Papier zum Licht hält und das Wasserzeichen des Herstellers richtig herum lesen kann, hat man die „richtige" Seite, auf der gemalt wird, wobei sich heutzutage fast alle Papiere auf beiden Seiten zum Malen eignen.

Aquarellpapier wird als Einzelbogen angeboten oder als Block, der spiralgebunden, zwei- oder vierseitig geleimt sein kann. Bei letzteren gibt es eine kleine ungeleimte Stelle, an der eine flache Klinge eingeführt wird, um den Bogen abzutrennen, wenn das Bild fertig ist. Blöcke sind bequem, Einzelbögen erlauben, großformatiger zu arbeiten.

Das angegebene Gewicht gibt darüber Auskunft, wie dick ein Aquarellpapier ist. Es sagt aus, wie viel Pfund Papier ein Ries (500 Blatt) ausmachen oder wie viel Gramm ein Quadratmeter Papier wiegt. Die schwersten Papiere wiegen z. B. 640g/m² (300 Pfund pro Ries) und 850g/m² (400 Pfund). Mittelschweres wiegt 300g/m² (140 Pfund), leichtes z. B. 174g/m² (70 Pfund) und 190g/m² (90 Pfund). Je schwerer das Papier, umso teurer ist es. Man sollte immer das beste Papier kaufen, das man sich leisten kann. Wenn das nur leichteres Papier ist, sollte man es aufziehen und spannen, wenn man es für schwere Farbaufträge nutzen will.

Aquarellpapier gibt es in drei Oberflächentypen, die sich auf die Transparenz der Farbe, die Farbaufnahme und die Bearbeitungseigenschaften auswirken.

Grobkörniges oder extraraues Aquarellpapier ist sehr stark und unregelmäßig strukturiert, die Farbe darauf scheint zu funkeln. Es kann derb wirken und eignet sich besser zum großflächigen Malen oder für grobe Effekte als für kleine Details und Feinheiten.

Feinkörniges oder mittelraues Aquarellpapier ist glatter und hat eine leichte Textur. Es eignet sich für die meisten Aquarelltechniken inklusive Nass-in-Nass – das ideale Papier für jemanden, der sich zum ersten Mal an einem Aquarell versuchen möchte.

Satiniertes oder mattes Aquarellpapier hat eine glatte Oberfläche. Für zarte Details ist es gut geeignet, bei den nasseren Techniken entstehen interessante Effekte. Das Ergebnis unterscheidet sich völlig von dem auf rauem Papier erzielten.

Weitere für Aquarell- und Gouachemalerei geeignete Papiersorten sind Passepartoutkarton (dünne weiße oder farbige Pappe), farbiges Pastellpapier sowie Zeichenpapier, welches aufgezogen und gespannt werden muss.

TIPP: *Sind Sie sich nicht sicher, welches Aquarellpapier mit welcher Oberfläche das Richtige für Sie ist, bitten Sie Papierhersteller um Muster der verschiedenen Sorten. Diese Muster sind kostenlos, so können Sie das Papier vor dem Kauf ausprobieren. Achten Sie im Fachhandel auch auf Sonderangebote verschiedener Aquarellpapiere.*

1

Links: Dieser Hund wurde auf drei verschiedenen Papiersorten gemalt, um die Wirkung zu verdeutlichen, die das verwendete Papier auf ein Aquarell hat. Folgende Papiersorten kamen zum Einsatz:

1. Grobkörniges Artistico Aquarellpapier: ein Papier mit grober Textur, das sich für derbere Effekte eignet. Durch seine raue, unregelmäßige Oberfläche erhält das Aquarell reizvolle „Lichtchen“.

2. Feinkörniges Waterford Aquarellpapier: ein All-round-Papier mit leichter Textur, das besonders von Anfängern geschätzt wird.

3. Satiniertes Artistico Aquarellpapier: ein Papier, das sich durch seine glatte Oberfläche für die Darstellung von Einzelheiten eignet.

2

3

PAPIER SPANNEN

Das Spannen ist bei allen dünnen Papiersorten notwendig und verhindert, dass sich das Papier wellt.

Man benötigt:

- ein Zeichenbrett
- Nass- bzw. Aquarellklebeband
- ein Blatt Papier: Zeichenpapier, Pastellpapier, $174 g/m^2$-Aquarellpapier, $190 g/m^2$-Aquarellpapier
- eine Schere

Das Papier muss in sauberem Wasser eingeweicht werden, man kann auch mit einem Naturschwamm Wasser gleichmäßig auf das gesamte Blatt auftragen. Das Papier sollte gleichmäßig feucht sein, aber nicht tropfnass. Inzwischen schneidet man vom Klebeband Streifen, die etwas länger als die Papierseiten sind. Das Papier wird vorsichtig aus dem Wasserbad gehoben, das Wasser läuft ab, dann legt man es auf eine geflieste Oberfläche, wo das Wasser weiter ablaufen kann. Nun wird es flach auf das Zeichenbrett gelegt, wobei man die Oberfläche vorsichtig abtupft. Die Klebestreifen werden befeuchtet und entlang der Ränder des Blattes halb auf das Papier, halb auf das Brett geklebt. Dann lässt man das Ganze trocknen.

Wenn das Papier trocken ist, ist es straff gespannt wie das Fell einer Trommel. Das Bild wird auf das Papier gemalt, ohne dass es vom Zeichenbrett entfernt wurde. Wenn es fertig ist, löst man es entlang der Klebestreifen mit einem Messer. Die verbleibenden Klebestreifen auf den Rändern dienen als nützliche Markierung, wenn das Bild vor dem Rahmen aufgezogen wird.

Farben

Farbige Medien wie Farbstifte, Aquarellkreiden, Aquarellfarben, Gouache und Pastellkreiden eignen sich hervorragend zum Zeichnen und Malen von Tieren. Sie machen es möglich, mit einem Strich nicht nur die Form und die Bewegung eines Tieres, sondern auch die Farbe des Fells, der Haut oder der Federn darzustellen. Wichtig dabei ist ein gutes Gefühl für die Wirkung von Farben, damit die verwendeten Farben auf einem Bild miteinander harmonieren und wirkungsvoll zum Gelingen beitragen.

Aquarellfarben unterscheiden sich von anderen Farben dadurch, dass sie transparent, also nicht deckend sind und man deshalb von Hell nach Dunkel arbeiten muss. Alle anderen im vorliegenden Buch besprochenen Farben sind deckend und können im Allgemeinen schichtweise übereinander entweder von Hell nach Dunkel oder von Dunkel nach Hell aufgetragen werden.

Beim Arbeiten mit Farbe kommt es nicht nur auf die Farbe selbst an, sondern auch auf die Nuancen der Tönung. Gelb ist beispielsweise heller als Violett, aber ein dunkles Ockergelb kann im Ton dunkler sein als ein Blassviolett.

Einige Farben scheinen einen aus dem Bild heraus entgegenzukommen, diese im Allgemeinen Rot-, Orange- und Gelbtöne werden als „warme" Farben bezeichnet. „Kalte" Farben wie Blau- und Grüntöne scheinen sich im Bild nach hinten zu drängen. Farben stehen in einer Zeichnung oder einem Gemälde nie für sich, sie befinden sich in Wechselwirkung mit dem Licht oder den angrenzenden Farben. Um diese Zusammenhänge zu verstehen und nutzen zu können, sollte man sich mit den Grundlagen der Farbenlehre auseinander setzen.

Der Farbenkreis

Die Spektralfarben lassen sich bequem in einem Kreis anordnen. Die drei Primärfarben Rot, Gelb und Blau werden im gleichen Abstand zueinander angeordnet. Aus ihnen mischen sich die Sekundärfarben Orange (Rot und Gelb), Violett (Rot und Blau) und Grün (Blau und Gelb). Für manche Farben braucht man ganz bestimmte, passende Pigmente. Auf der nächsten Seite ist ein individueller Farbenkreis abgebildet, den die Autorin mit den Farben ihres persönlichen Malkastens zusammengestellt hat.

Farbenpaare, die sich im Kreis gegenüberstehen, sind Komplementärfarben zueinander. Solche Paare von Komplementärfarben ergeben einen maximalen Kontrast im Bild und wirken sehr stark auf den Betrachter. Die Komplementärfarbe einer Primärfarbe ist eine Sekundärfarbe, so sind Blau und Orange Komplementärfarben, Gelb und Violett, Rot und Grün.

Um die Wirkung der Komplementärfarbenpaare bestmöglich auszunutzen, sollte man die Tönung einer der beiden Farben variieren und die andere Farbe immer wieder darauf abstimmen, jegliche hellere oder dunklere Abstufung der Farbe wird denselben Effekt haben, wenn sie ihrer entsprechenden Komplementärfarbe gegenübergestellt wird. Beispielsweise stehen sich Rot und Grün im Farbenkreis gegenüber, sind also Komplementärfarben. Wenn man nun in einem Bild Rosa (helles Rot) neben Dunkelgrün setzt, erzielt man dieselbe Wirkung, auch das sind Komplementärfarben.

Das Wissen um die Komplementärfarbenpaare erleichtert es, Farbe wirkungsvoll im Bild einzusetzen. Ein Gemälde erhält Schwung, wenn man einen Hauch von Komplementärfarbe beim Schattieren ins Spiel bringt – ein wenig Blauviolett in den Schatten eines goldgelben Tieres beispielsweise.

> Tipp: *Um Grau zu erhalten, mischt man eine der Primärfarben mit ihrer Komplementärfarbe.*

Krapplack und Lichter Ocker

Ein gedämpftes Braun-Orange

Cölinblau und Krapplack

Grauviolett

Lichter Ocker und Indigo

Olivegrün

Primärfarben: Azogelb, Permanentrot dunkel und Französisch-Ultramarin können so untereinander gemischt werden, dass sie eine gute Auswahl fast aller Farben ergeben, wenn auch nicht jede Nuance. Die entstehende Farbmischung wird dadurch beeinflusst, welche Abstufung der Primärfarben man wählt. Also ergeben zwar Lichter Ocker und Krapplack Orange, aber dieses ist viel gedämpfter als das lebendige Orange, das eine Mischung aus Azogelb und Permanentrot dunkel ergibt.

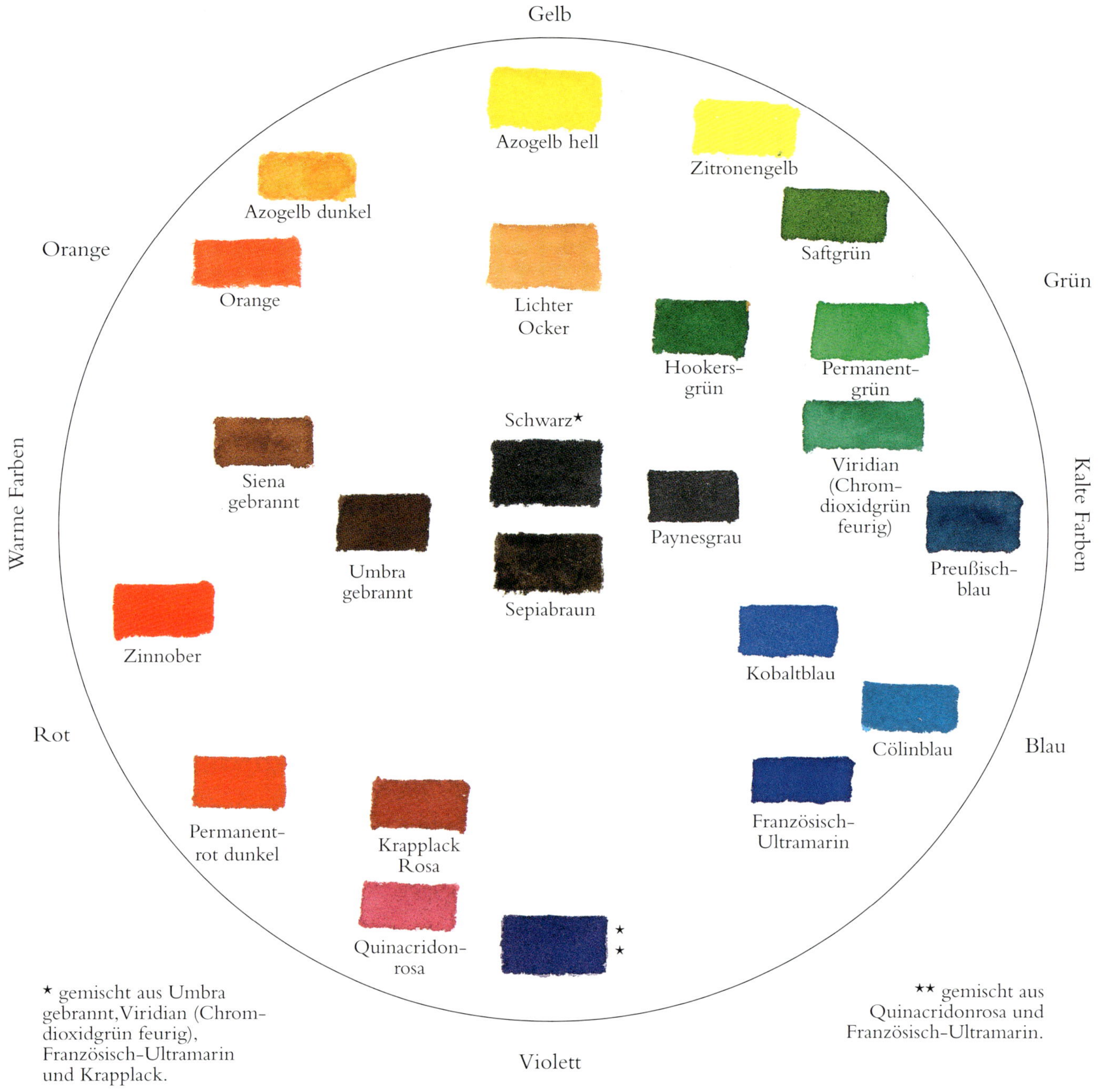

Dieser Farbenkreis entstand mit Hilfe der Farben aus dem Malkasten der Autorin. Er zeigt, welche Farben relativ warm oder kalt empfunden werden und ihr Verhältnis zueinander; die Rot- und Orangetöne auf der linken Seite wirken warm, die Blau- und Grüntöne auf der rechten Seite dagegen kalt. Man beachte, wie die einzelnen Farben im Kreis zu warm oder kalt tendieren. Es gibt warme, ins Orange gehende Rottöne wie Zinnober und kalte, bläuliche Rottöne wie Permanentrot dunkel und Quinacridonrosa. Manche Gelbtöne tendieren zu Orange und wirken warm, andere wiederum erscheinen grünlich und liegen mehr zum Blau hin. Obwohl Blau eine kalte Farbe ist, erscheinen manche Blautöne wärmer als andere, Französisch-Ultramarin beispielsweise enthält einen größeren Rotanteil und wirkt dadurch wärmer als Preußischblau, das viel kälter wirkt. Die Farben am äußeren Rand sind die Spektralfarben, die jeweils gegenüberliegenden sind Komplementärfarbenpaare. Die Farben im Inneren des Kreises entstanden durch das Mischen von drei Farben (Tertiärfarben) und tendieren zu Schwarz, das in der Mitte angeordnet ist.

Die dargestellten Beispiele zeigen, mit welchen Farben die jeweiligen Tiere gemalt wurden und sollen die Ähnlichkeiten und Unterschiede zwischen den jeweils angewandten Farben verdeutlichen.

Oben: Bei diesem Kolibri stellen Siena gebrannt und Umbra gebrannt die wichtigsten Farben dar, das Gelb und die Blautöne bewirken, dass das Gefieder schillert. Mit einer Mischung aus Französisch-Ultramarin und Umbra gebrannt wurden Schattierungen, Schnabel und Auge gemalt.

Oben: Mit nur zwei Farben wurden die vielen Grauschattierungen dieses schönen Hundes gestaltet. Die Farbtiefe der Mischung aus Sepia und Französisch-Ultramarin wird durch unterschiedliche Wasserbeigaben erreicht, so entstehen helle und dunkle Grautöne.

Rechts: Bei diesem Pferd wurde zuerst eine Mischung aus Lichtem Ocker und Sepia aufgetragen, um die glänzenden Stellen des Fells zu erhalten. Umbra gebrannt gibt die mittleren Töne des Fells und wird, gemischt mit Französisch-Ultramarin, für Schatten und Zaumzeug eingesetzt. Dieselbe Mischung ergibt das Schwarz des Auges. Ein Hauch stark verdünnten Zinnobers gibt der Nase den zarten Rosaton.

Links: Die überwiegenden Farben bei diesem Kopf einer getigerten Katze sind Lichter Ocker, Sepia und Französisch-Ultramarin. Mit einer aus Lichtem Ocker und Sepia gemischten Farblösung wurde das helle Fell gearbeitet. Als diese Farbschicht fast trocken war, kam die Zeichnung des Fells dazu, gemalt mit einer Mischung aus Sepia und Französisch-Ultramarin, die auch für die Schatten eingesetzt wurde. Azogelb vermischt mit etwas Permanentgrün ergibt die hübschen gelbgrünen Augen.

Die Entscheidung für das richtige Medium

Zu Beginn dieses Kapitels wurde erwähnt, dass die Darstellung verschiedener Tiermotive verschiedene Medien, Techniken und Methoden erfordern. Anhand der unten abgebildeten Zeichnungen werden zwei verschiedene Möglichkeiten gezeigt, die riesige, massige Gestalt und die schwerfällig wirkenden Bewegungen des Elefanten darzustellen: mit dem kraftvollen Strich eines weichen Bleistifts oder dem der Contékreide. Im Gegensatz dazu wurde das zögerliche Wesen der ängstlichen, scheuen Maus durch zarte Bleistiftlinien und weiche Schattierungen vermittelt.

Man sollte Zeichengeräte, Maltechniken und Papier wählen, die zum Motiv und zueinander passen. Stifte und Farben, mit denen man nicht vertraut ist, sollte man nicht mitnehmen, wenn man in die Natur zieht oder in die Ferien fährt, egal wie gut sie sich verpacken und transportieren lassen. Es ist verwirrend genug, an einem fremden Ort zu arbeiten, auch ohne sich mit einem neuen Medium oder einer neuen Technik plagen zu müssen; mit den vertrauten fährt man immer besser.

Unten: Die faltige Haut der Elefanten wurde mit Contékreide, einer harten Pastellkreide, wirkungsvoll dargestellt.

Wer einen Ausflug macht um zu zeichnen oder zu malen, sollte eine kleine Auswahl verschiedener Medien mitnehmen, um unterschiedlichen Motiven gerecht werden zu können: Bleistifte (hart, weich, wasservermalbar), ein Stück Zeichenkohle, eine weiche Künstlerkreide und einen Filzstift beispielsweise. Ein Fernglas zur Beobachtung vervollständigt die Ausrüstung.

Bevor man ein Gemälde in Angriff nimmt, sollte man immer erst Zeichnungen anfertigen um Informationen zu sammeln. Auf einem großen Skizzenblock kann man mehrere Skizzen machen und damit Einzelheiten für die spätere Arbeit festhalten anstatt schon hier ein „Kunstwerk" zu schaffen, es sei denn, man zeichnet um des Zeichnens willen. Und selbst dann sollte man sich nicht mit dem Ziel, „schöne" Bilder zu zeichnen, auf den Weg machen, denn „schön" werden die Zeichnungen von allein, wenn man so genau und so gut wie möglich festhält, was man sieht.

Rechts: Die flinken, nervösen Bewegungen der Maus übermitteln feine und zarte Linien eines 2B-Bleistiftes auf glattem Papier.

Die großen, robusten und dennoch sanften Züge dieser jungen Elefanten werden feinfühlig dargestellt – mit leicht schraffierten Linien eines 2B-Bleistiftes auf Zeichenpapier.

KAPITEL 2

Selbstsicherheit und Routine entwickeln

Alle Künstler brauchen Routine und Selbstvertrauen, um gut und mit Freude zu malen, egal welches Motiv sie wählen. Selbstsicherheit macht Mut, und den braucht man, um in diese unberührten Weiten des weißen Zeichenpapiers einen ersten Pinselstrich zu setzen. Und erst recht, um den Anfang zu machen für die Zeichnung eines flatternden Taubenschwarms oder einer Rinderherde, die dahinzieht. Wie also überzeuge ich mich selbst, dass solche Motive im Rahmen meiner Fähigkeiten liegen?

Selbstvertrauen lässt sich Schritt für Schritt aufbauen. Zuerst muss man seine anfängliche Scheu überwinden und diesen ersten Pinselstrich tun. Man muss bereit sein, Risiken einzugehen, und man muss auch bereit sein, Niederlagen einzustecken, denn oft lernt man mehr aus seinen Fehlern als aus seinen Erfolgen. Und vor allem muss man üben: jede Möglichkeit zum Zeichnen wahrnehmen, Skizzenbuch und Stifte immer gleich zu Hand haben – selbst eine noch so schnell und leicht dahingezeichnete Skizze wird dazu beitragen, die Sinne für die Beobachtung zu schärfen und die Koordination von Hand und Auge zu verbessern. Und dabei baut man einen Fundus an Material auf, auf den man immer wieder zurückgreifen kann und der vielleicht so manche große Idee auszulösen vermag.

Glücklicherweise gibt es Methoden, die es erleichtern, sich einem Tiermotiv zu nähern und es schließlich zu zeichnen. Wie bereits in der Einleitung angedeutet, ist das Wichtigste, zu lernen, in die Dinge „hineinzusehen". In diesem Kapitel werden Möglichkeiten vorgeschlagen, wie man Tiere beobachten kann, um sie wirklich zu „sehen" und zu *verstehen*, was man sieht. Es handelt sich nicht um Tricks oder Patentlösungen; es sind einfach Methoden, die sich bewährt haben beim Beobachten, beim Gliedern und beim Deuten dessen, was man in der Natur beobachtet hat. Viele Künstler haben auf diese Weise gelernt zu malen und zu zeichnen – und Vertrauen in sich und ihre Kunst aufzubauen.

Um genau und effizient zu zeichnen, muss man lernen, die wesentlichen Elemente eines Motivs zu erfassen und die unwesentlichen zu streichen. Indem man die Formen vereinfacht, erscheinen die Motive gar nicht mehr so ent-

Beobachten Sie das Motiv genau – die Augen halb schließen hilft, sich zu konzentrieren – und versuchen Sie es als eine einfache Form zu sehen, als Würfel, Zylinder, als Kugel oder Kegel. Bald werden Sie feststellen, dass dieser Ansatz es leichter macht, eine Zeichnung zu beginnen. Je öfter Sie das machen, umso leichter wird es.

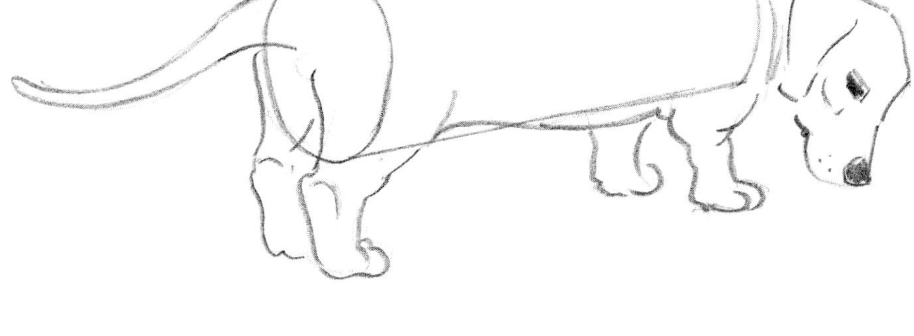

Die äußere Form von Tieren lässt sich in eine Reihe von geometrischen Formen zerlegen. Um ein Schaf zu zeichnen, braucht man die Form einer Streichholzschachtel für den Körper, Kegelformen für Kopf und Hals und sich verjüngende zylindrische Formen für die Beine. Dieselben Grundformen wurden angewandt, um ein Schwein und einen Terrier von der Seite darzustellen.

mutigend schwer zu zeichnen, und man ist in der Lage, sie schnell festzuhalten. Letzteres ist besonders wichtig wenn man Tiere zeichnet, da sie sich ja oft in Bewegung befinden. Erfolg zieht Erfolg nach sich, wenn man anfängt, bessere Zeichnungen hervorzubringen, steigt das Selbstvertrauen und man fühlt sich ruhiger und sicherer. Üben, üben, nochmals üben – es gibt keinen Ersatz dafür. Dieses Buch will Anregungen geben, noch wichtiger ist es aber für jeden Einzelnen, selbst ähnliche Motive zu finden, die beschriebenen Techniken zu meistern und die Übungen auszuprobieren. Es wird Sie überraschen, wie schnell sich Ihre Arbeit verbessert. Bald werden Sie in der Lage sein, das Wesen eines Motivs zu erfassen und es präzise und genau zu zeichnen. Diese Fähigkeiten wirken wunderbar befreiend und bilden die Grundlage dafür, Material zu sammeln und fertige Bilder zu schaffen.

Die Form vereinfachen

Der große französische Künstler Paul Cézanne (1839 bis 1908) sagte in etwa, dass alle natürlichen Formen in Würfel, Zylinder, Kegel und Kugeln zerfallen. Dieser Liste könnte man noch den Quader hinzufügen. Die Form einer Streichholzschachtel ist als Grundbaustein für die meisten Säugetiere durchaus brauchbar, und durch Anfügen anderer geometrischer Formen entsteht eine solide und überzeugende Grundform des Tieres.

Tiere bleiben selten stehen um sich zeichnen zu lassen, meist sind sie in Bewegung, sodass der Zeichner wenig Zeit hat, sie darzustellen. Dabei ist die Vereinfachung und das Zerlegen in einfache geometrische Formen ein guter Anfang. Statt Zeit zu vergeuden, indem man nachgrübelt, was man denn sieht, schafft man eine einfache Struktur, die dann als Gerüst für den Aufbau der Zeichnung dient.

Die Streichholzschachtelmethode erleichtert es auch zu begreifen, wie sich die Form des Tieres in der Perspektive aufbaut.

1

2

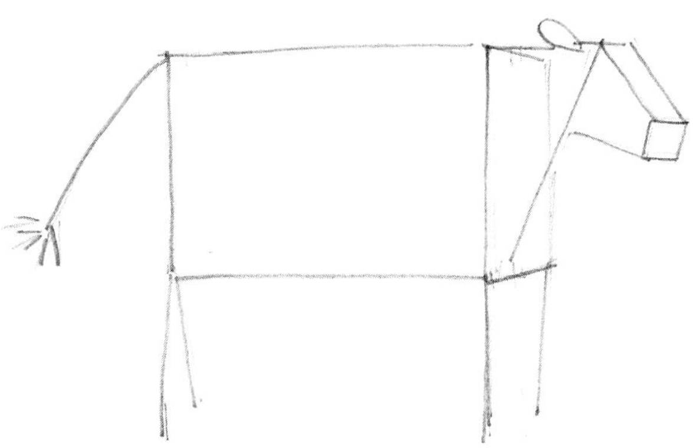

Hier wurden Pferde gezeichnet, bei denen man die Wirkung der Perspektive an einem Tier studieren kann, das sich dem Betrachter voll zugewandt hat. Wenn man es von der Seite ansieht (1), hat das Pferd kaum „Tiefe“, die perspektivische Darstellung ist zweitrangig. Man beachte aber, dass die Beine, die vom Betrachter weiter entfernt sind, kürzer gezeichnet wurden, um diese größere Entfernung gegenüber den anderen Beinen zu suggerieren. In Ansicht (2) tritt das Pferd nach vorn in die Bildebene, die Wirkung der perspektivischen Darstellung ist augenscheinlich.

Hier wird gezeigt, wie die Streichholzschachtelmethode es viel einfacher macht, die perspektivisch wahrgenommene Form zu erkennen. Man kann die Einzelheiten des Körpers über die vereinfachte, aber genaue Darstellung der Körperform legen.

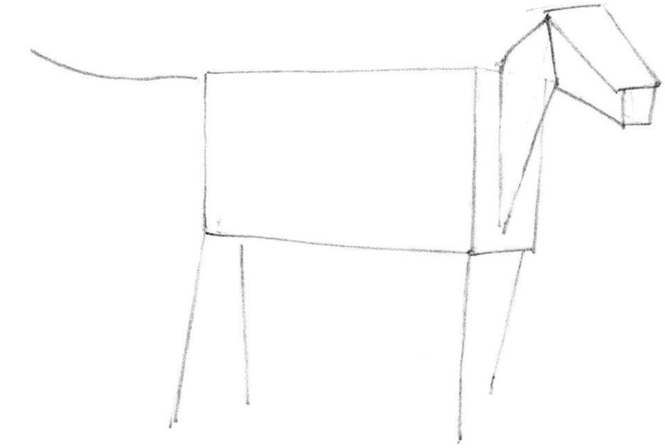

Oben: Dieser Hund ist leicht gedreht, man sieht ihn zu drei Viertel von der Seite. Die Streichholzschachtelform verjüngt sich leicht nach hinten, der Hals wird verkürzt gezeichnet.

Unten: Die Katze wurde nach demselben Prinzip wie Hund und Pferd perspektivisch gezeichnet, allerdings wählte der Künstler hier die Kegelform, um die Körperform darauf aufzubauen.

Übung *Zeichnen Sie eine Streichholzschachtel von verschiedenen Positionen aus, dabei soll sie auf Augenhöhe sein. Dann fügen Sie kurze und lange Kegelformen für Hals und Kopf an sowie sich verjüngende Säulenformen für die Beine.*

Proportionen

Manchmal beobachtet man Künstler, die vor einem Motiv stehen und den Bleistift mit ausgestrecktem Arm halten, dann fragt man sich, warum sie das tun. Diese Vorgehensweise ist in der Tat eine nützliche Methode, um das, was man sieht, „auszumessen" und die Proportionen der einzelnen Teile zu bestimmen. Auf diese Weise kann man ziemlich genaue Zeichnungen anfertigen.

Man streckt seinen Arm nach vorne aus, schließt ein Auge – so erscheint der Körper zweidimensional, man kann sich leichter auf die Form konzentrieren – und bringt die Bleistiftspitze auf eine Linie mit der höchsten Erhebung des Kopfes des zu zeichnenden Tieres. Mit dem Daumen markiert man auf dem Bleistift die Nasenspitze. So erhält man ein Maß, an dem man alles andere anlegen kann. Dieses Maß behält man auf dem Bleistift bei, lässt den Arm ausgestreckt und legt es an die anderen Körperteile an. Wie viele Kopflängen misst der Hals, der Rücken, die Höhe des Rumpfes an seiner breitesten Stelle, nämlich hinter den Vorderbeinen, und wie viele Kopflängen schließlich messen die Beine? Dieses Vergleichsmaß überträgt man auf die Zeichnung, dann stimmen die Proportionen.

Im Gegensatz zu Gebäuden, Stillleben und Landschaften läuft das Tier vielleicht davon, wenn man gerade mit dem Ausmessen begonnen hat, also sollte man zuerst an Fotografien üben.

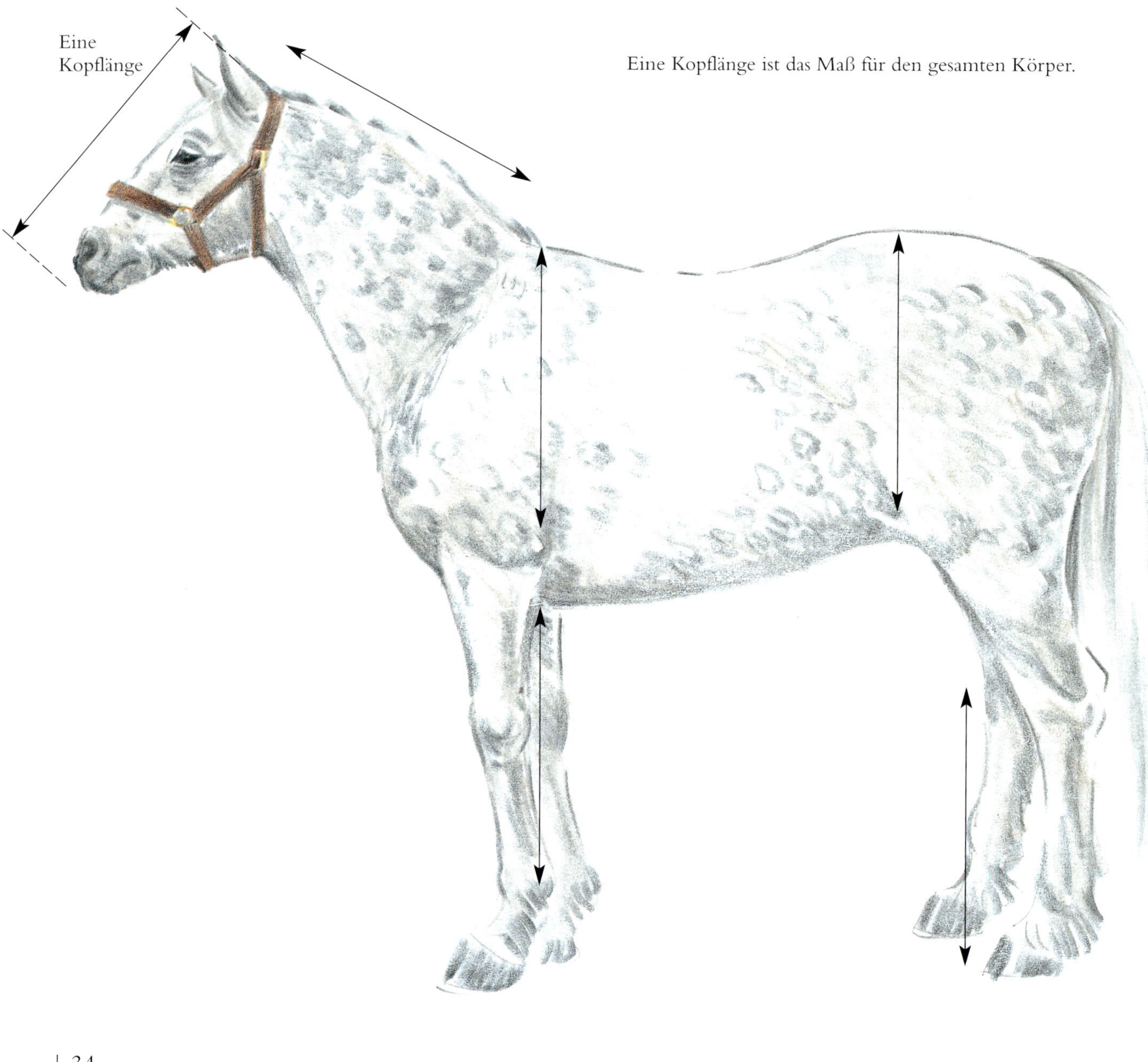

Eine Kopflänge ist das Maß für den gesamten Körper.

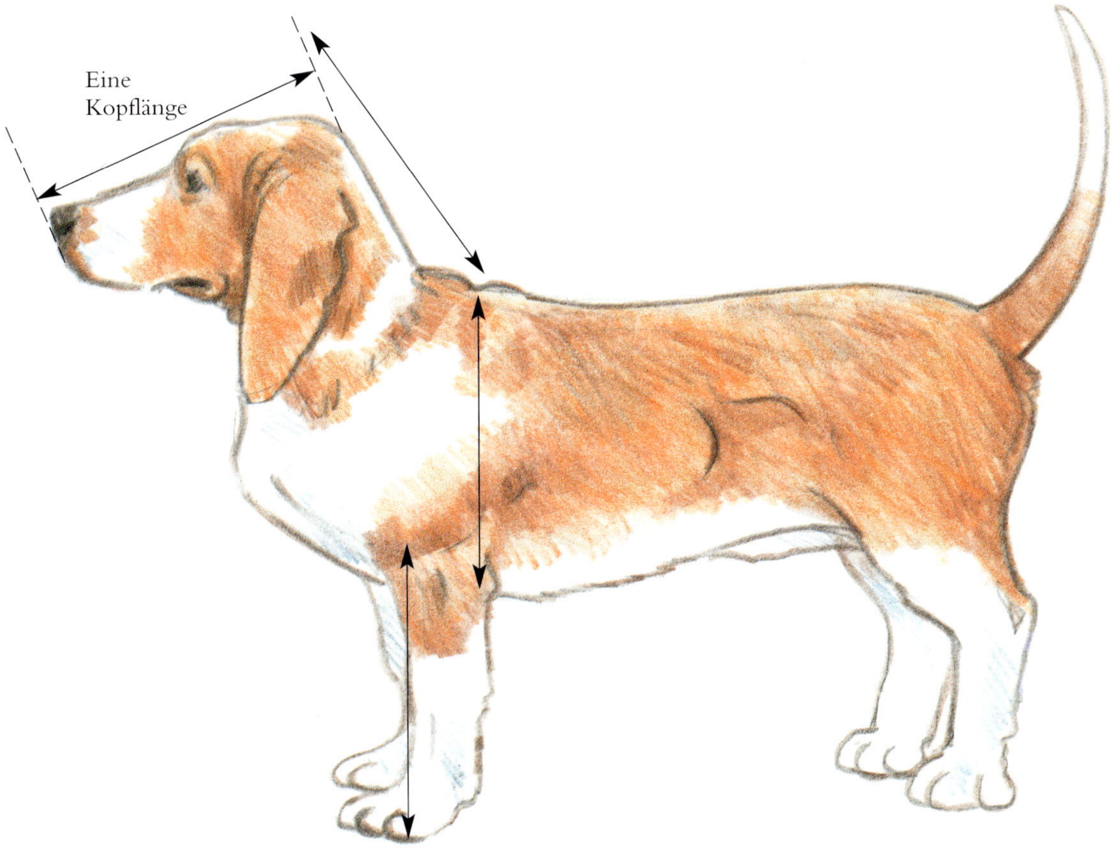

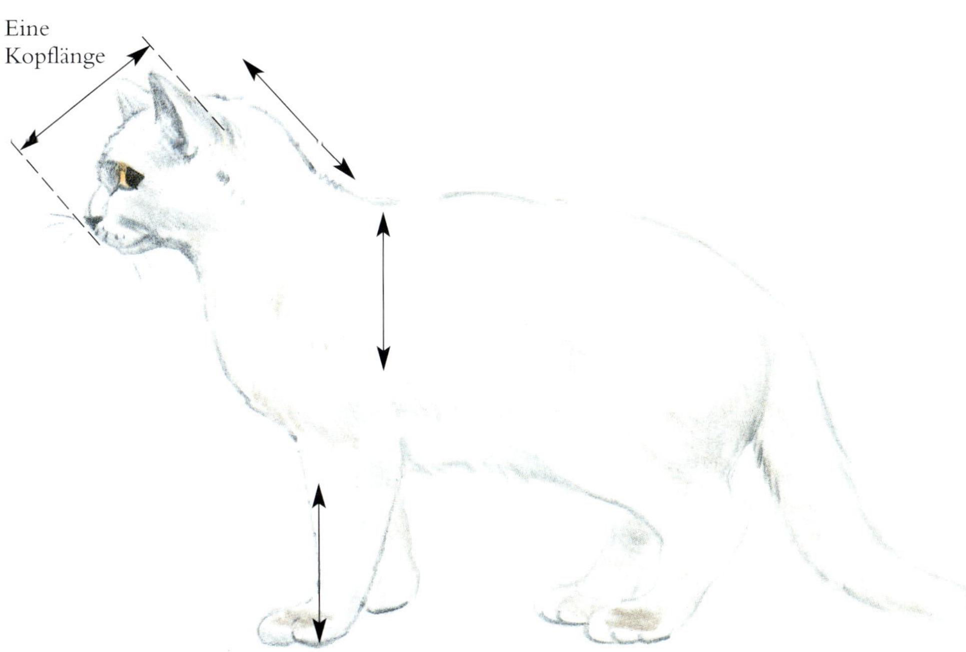

Die Proportionen sind von Tier zu Tier, von Rasse zu Rasse verschieden. Hier sieht man, dass die Kopflänge des Pferdes der Länge seines Halses entspricht. Bei der Katze und dem englischen Beagle sind die Größenverhältnisse anders, der Kopf des Hundes ist beispielsweise länger als sein Hals. Sobald man ein Grundmaß festgelegt hat, kann man die restlichen Maße des Tieres im Verhältnis dazu bestimmen.

Die drei grossen Trennlinien

Mit den „drei großen Trennlinien" ist die Aufteilung des Körpers an drei Stellen in vier Teile gemeint. Man trennt zwischen Hals und Schulter, zwischen Schulter und Bauch und im Bereich von Magen und Hinterteil. Diese Trennlinien werden nicht willkürlich gesetzt, sie sind als Kurvenlinien tatsächlich zu erkennen. Es sind die Punkte, wo die Glieder des Tieres zusammenhängen. Wenn das Tier sich bewegt, sich dreht, ändert sich das Verhältnis dieser drei Teile zueinander, so kann man die Haltung erfassen. Steht das Tier dem Betrachter gegenüber, scheinen durch die Perspektive die drei Linien eng beieinander zu liegen. Sieht man das Tier von der Seite, erscheinen sie weiter auseinander. An diesen Kurvenlinien kann man den Rest der Form festmachen. Es ist also wichtig, sie zu erkennen und in der Zeichnung zu erfassen.

ÜBUNG *Teilen Sie die Form des Tieres wie mit einer Säge entlang dreier Linien. Üben Sie die Einzelformen zu zeichnen, bis Sie das Tier schnell und sicher daraus zusammen setzen können.*

Die drei großen Trennlinien

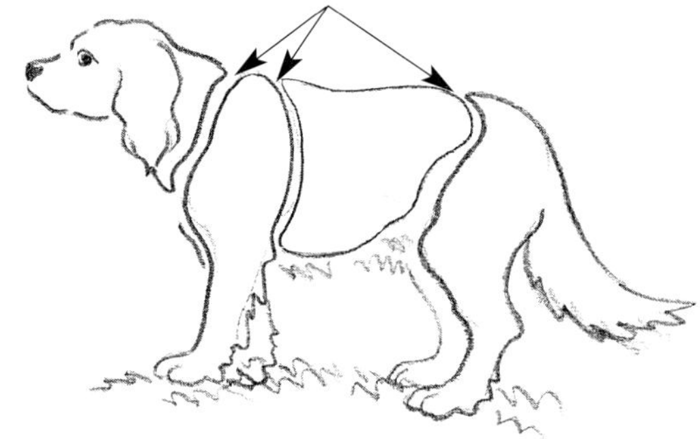

Die drei großen Trennlinien

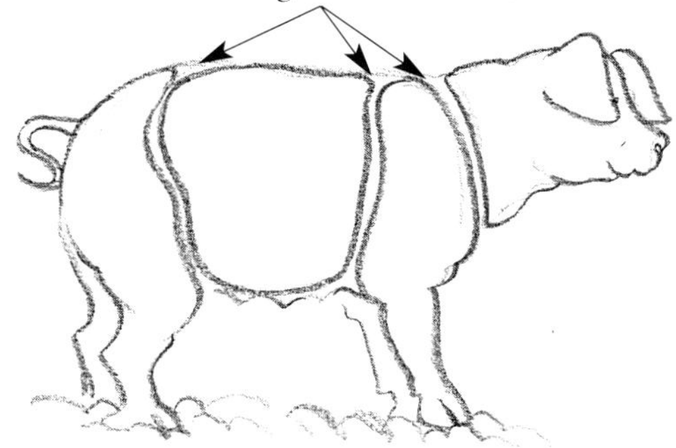

Die drei großen Trennlinien

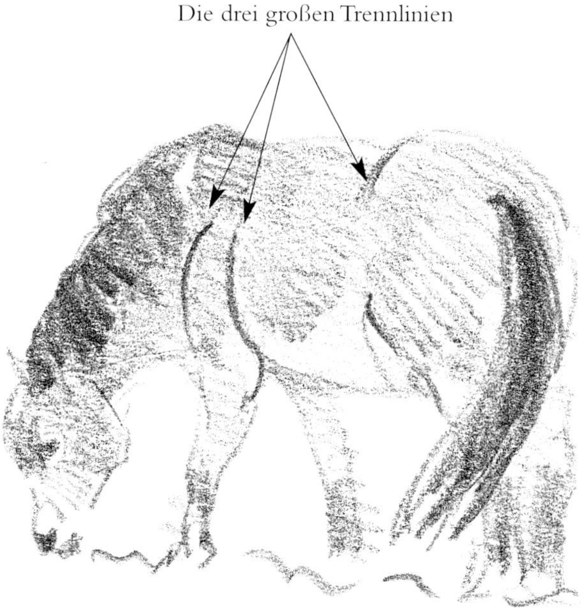

Die drei großen Trennlinien können bei allen Säugetieren beobachtet werden, wobei sich ihre Lage zueinander zu verändern scheint, wenn sich das Tier anders hinstellt bzw. -legt. Am einfachsten lokalisiert man diese markanten Stellen, wenn das Tier seitlich zum Betrachter steht. Diese Linien helfen dem Künstler ungemein, die Körperform eines Tieres auszumachen, das liegt oder sich gar zusammengerollt hat.

Die drei großen Trennlinien

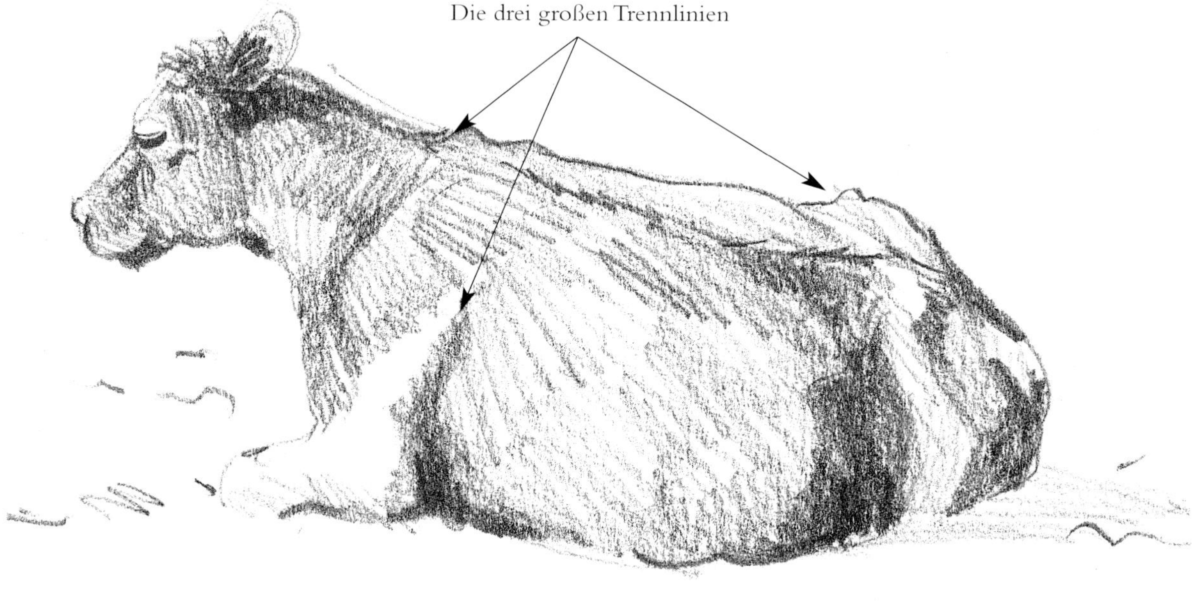

Oben: Wenn der Betrachter dem Kopf- oder dem Schwanzende des Tieres gegenübersteht, scheinen die Abstände zwischen den drei großen Trennlinien verkürzt. Die Aufteilung der Körperform ist besonders hilfreich, wenn eine schwierige Pose dargestellt werden soll. Zunächst zeichnet man die Stellen ein, gewöhnlich als drei Kurvenlinien. Daraufhin wird man feststellen, dass sich die Zeichnung fast wie von selbst zusammenfügt.

Diese Skizzen von Schafen und Lämmern in verschiedenen Posen weisen alle die drei großen Trennlinien auf.

Die Körpersilhouette

Eine nützliche Übung, um Selbstsicherheit zu erlangen, ist das Zeichnen von Silhouetten, bis man mit den Proportionen und Konturen der Tiere vertraut ist. Man zeichnet die Formen von Fotografien und genauen Darstellungen nach – eine hervorragende Übung für den Winter, wenn man nicht im Freien arbeiten kann.

Ein Beispiel: Als die Autorin jung war und vernarrt in Pferde, zeichnete sie immer Pferde von Fotos ab. Eines Tages stellte sie fest, dass sie die Form eines Pferdes ziemlich gut zeichnen konnte – frei Hand, ohne Vorlage. Sie erinnerte sich an die Formen, die sie immer nachgezeichnet hatte und merkte, wie sehr ihr das half.

Silhouetten zeichnen macht mit den Konturen und den Proportionen vertraut und vermittelt ein besseres Gefühl für die Masse des Tierkörpers, ohne dies durch Farbabstufungen ausdrücken zu müssen. Üben Sie, die Formen deutlicher zu sehen, indem Sie sich die Flächen außerhalb der Silhouette ansehen, die Fläche zwischen Körper und Boden beispielsweise. Silhouetten können Aufschluss geben über den Charakter des Tieres, aber eigentlich sind sie etwas recht Statisches, ihr Hauptzweck ist, ein Gefühl für die Form des Tieres zu bekommen.

Suchen Sie Fotografien von Tieren in verschiedenen Posen und in Bewegung. Auf ein Blatt mit den Silhouetten eines Tieres von verschiedenen Punkten aus gesehen und in verschiedenen Posen können Sie später zurückgreifen, sozusagen als Nachschlagewerk.

Das Ab- oder Nachzeichnen von Tiersilhouetten trainiert das visuelle Erinnerungsvermögen und wird dazu beitragen, ein Tier in natürlicher Umgebung und in natürlicher Pose skizzieren zu können.

Die Anatomie von Skelett und Bewegungsapparat

Einige Kenntnisse der Anatomie von Tieren ist auf alle Fälle nützlich, wenn man Tiere zeichnen oder malen will. Wem es damit wirklich ernst ist, der hat ein Buch über den Körperbau der Tiere in seinem Bücherschrank. Man muss nicht jeden Knochen, jeden Muskel und jede Sehne benennen können, aber die elementarsten Grundbegriffe des Knochenbaus sollte man verstehen, denn darauf baut die Form des Tieres auf. Selbst ein oberflächliches Wissen trägt dazu bei, den Bau und die äußere Erscheinung eines bestimmten Tieres zu verstehen. Die Gelenke beeinflussen die Art der Bewegungen des Tieres, die Knochen oder Muskeln, die unmittelbar unter der Haut liegen, beeinflussen die Lichtreflexe auf dem Fell.

Säugetiere haben alle einen ähnlichen Knochenbau, aber die einzelnen Knochen sind je nach Tier unterschiedlich groß. Bei manchen Hunderassen ist zum Beispiel der Schädel recht kurz und rund, bei anderen Rassen dagegen lang gezogen. Aber alle Hunde haben Augenhöhlen und Nasenhöhlen, die Halswirbel sind gleich angeordnet. Mit diesen Grundbegriffen sollte man vertraut sein, selbst wenn man sich auf Landschaftsmalerei spezialisiert hat – denn dann werden Schafe auch nicht mehr wie Kleckse in der Landschaft aussehen.

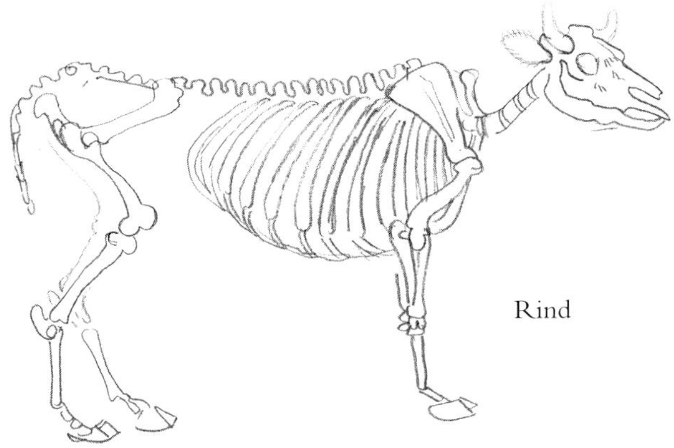

Rind

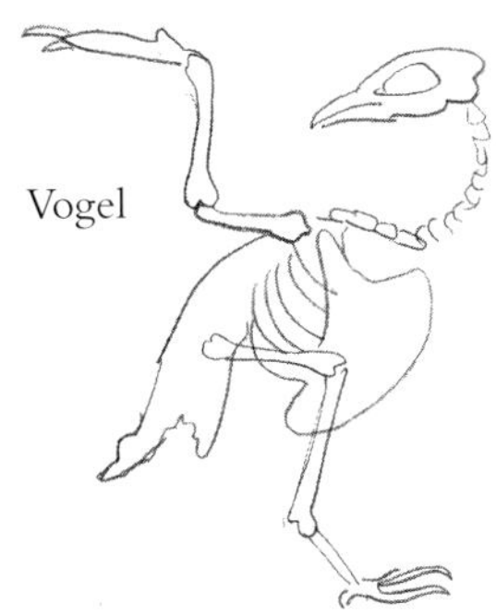

Vogel

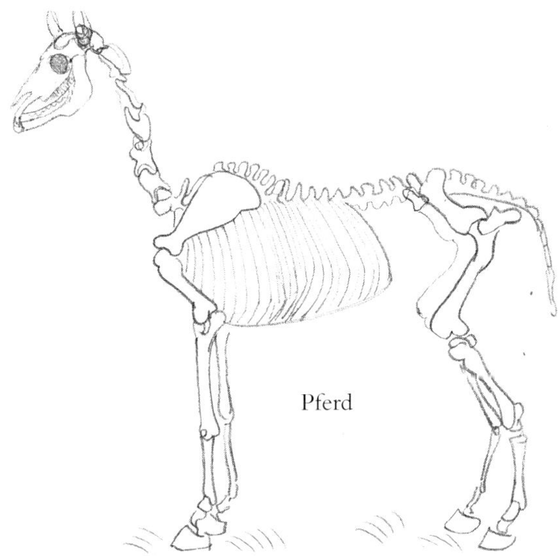

Pferd

Das Skelett eines Tieres bildet den Rahmen, Muskeln und Fettgewebe über dem Skelett machen die Form weich und füllig. Die Nase besteht beispielsweise zum Großteil aus Knorpel, der unterhalb des Nasenknochens liegt. Ohren sind ebenfalls aus Knorpelgewebe.

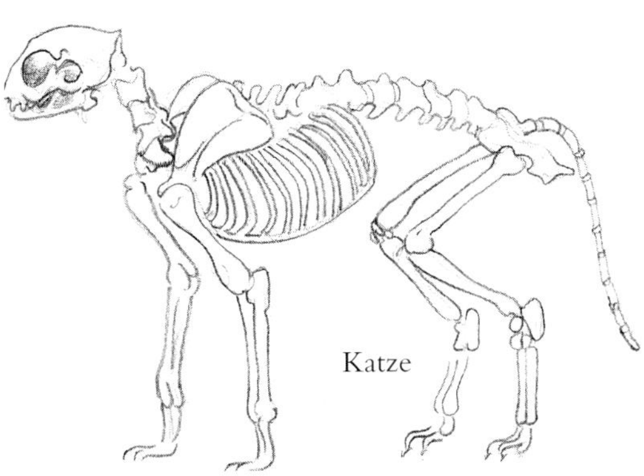

Katze

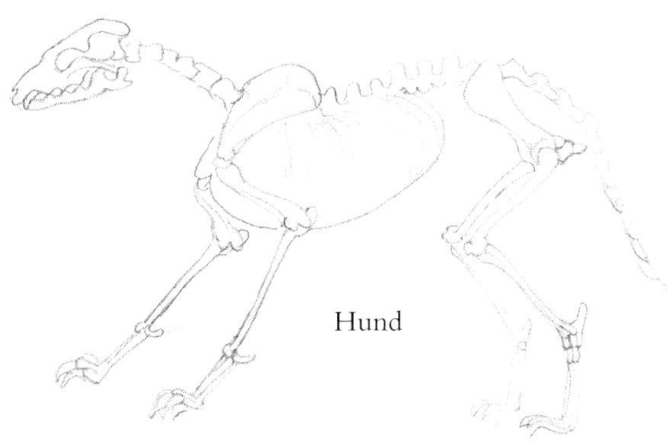

Hund

Man kann nur verstehen wie ein Tier läuft, wenn man ein lebendes Exemplar studiert. Man beobachtet, welche Grenzen die Gelenke einer Bewegung setzen, wie und in welcher Richtung die Bewegung abläuft. Dabei hilft es, die Bewegungen der eigenen Gelenke an Arm und Bein mit denen des Tiers zu vergleichen.

Dem Schädel sollte man besondere Aufmerksamkeit schenken. Genaues Beobachten ist das A und O, zu wissen, worauf man achten muss, hilft dabei. Die meisten Tiere einer bestimmten Art haben ungefähr dieselbe Schädelform, auch wenn es Unterschiede zwischen den einzelnen Rassen gibt. Schafe der Leicester-Rasse beispielsweise haben „römische" Nasen, Schafe der Rassen Dorset und Romney Marsh haben ausgesprochen kurze, breite Gesichter. Auch Pferde haben unterschiedliche Kopfformen, sie reichen von den schweren Profilen der Zugpferde wie den Clydesdales bis hin zu den fein geschnittenen Zügen der Araber.

Bei Hunden gibt es die vielfältigsten Variationen in Schädel- und Körperform. Eine massige Bulldogge, ein kleiner Terrier oder ein eleganter Spaniel – alle haben grundsätzlich das gleiche Skelett, aber die Proportionen der Knochen zueinander sind sehr verschieden.

Es wird helfen, den Kopf auf eine einfache geometrische Form zu reduzieren. Die Köpfe von Schafen und Pferden ähneln, wenn man sie von vorne sieht, der Form eines Sarges, Katzen haben sechseckige Gesichter. Wenn man ein Tier zeichnet oder malt, beachte man die Stellen, wo der Knochen gleich unter der Haut liegt, denn dort entstehen schärfer abgesetzte Lichtreflexe als in Bereichen, wo Muskeln die Form ausmachen. Die Schädelknochen befinden sich meist kurz unter der Haut – Nasen- und Wangenknochen stehen besonders hervor.

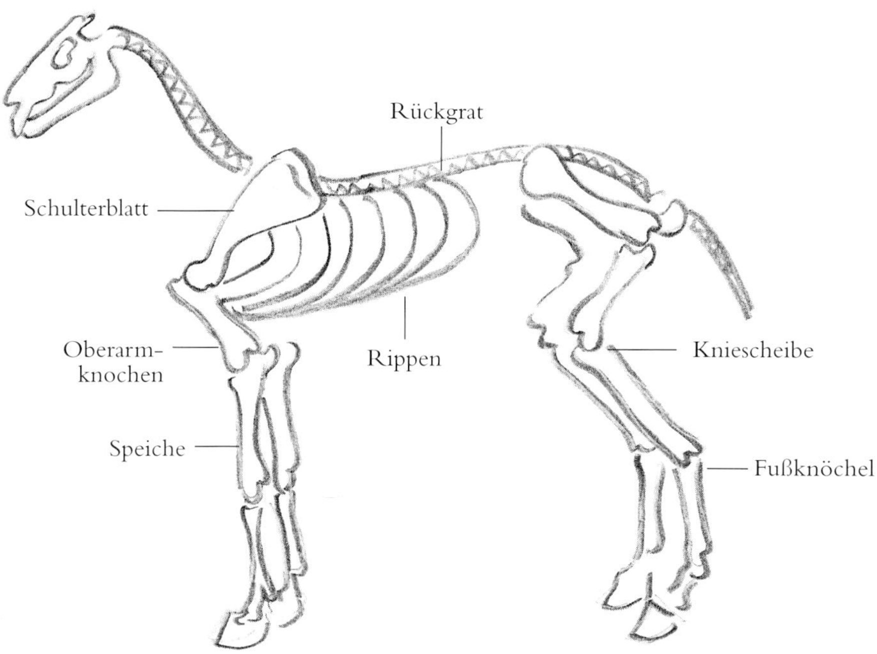

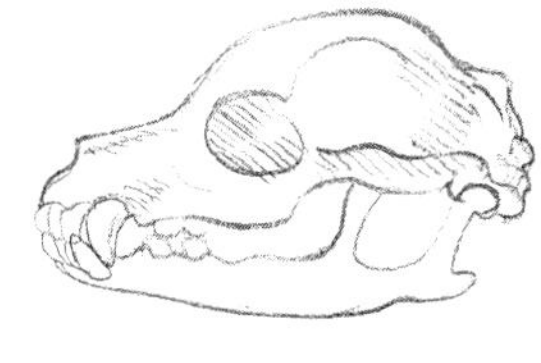

Schädel einer kleinen Hunderasse

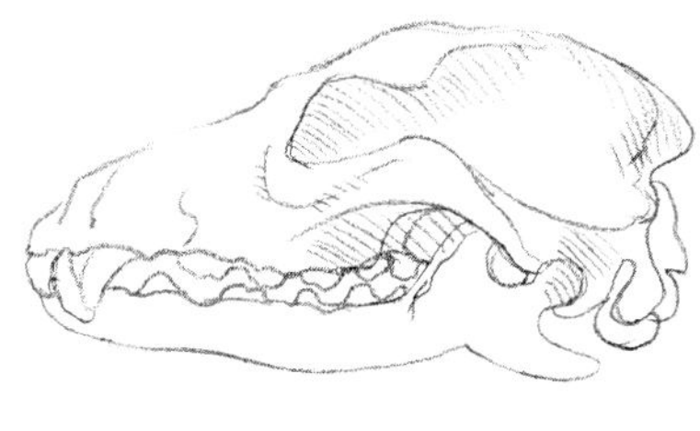

Schädel einer kleinen Hunderasse

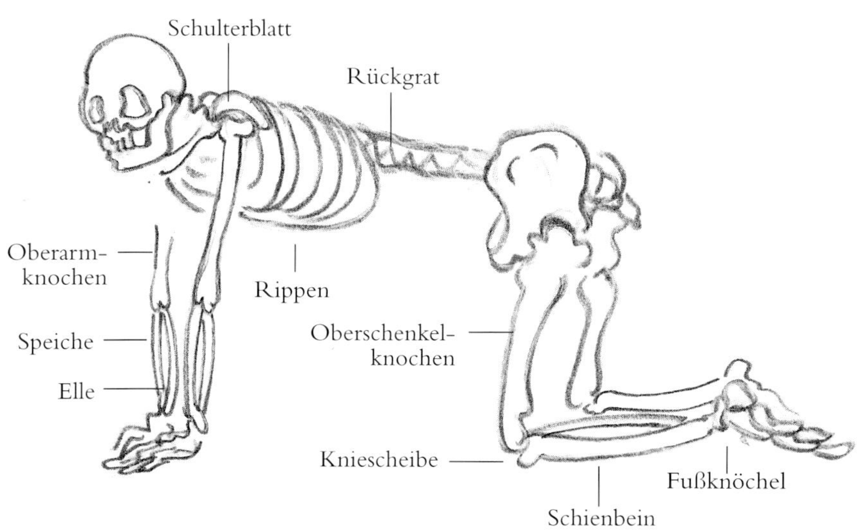

Oben: Das Wissen um den Schädelknochenbau hilft beim Gestalten von Portraits.

Links: Die Abbildung zeigt die Lage der Knochen zueinander bei Pferd und Mensch. Bei Bewegungsstudien hilft es, die eigenen Gelenke und ihre Bewegungen zu Rate zu ziehen.

Obwohl alle Tiere derselben Art die gleichen Schädelknochen haben, können sie in Form und Größe verschieden sein, wie diese Abbildungen verschiedener Hunde-, Schaf- und Pferderassen illustrieren

Die Augen

Das Auge besteht, einfach ausgedrückt, aus einer großen, weichen Kugel, die von Fettgewebe umgeben in einer knochigen Höhle sitzt – es ist kein Oval, das auf dem Kopf des Tieres außen drauf sitzt. Wenn man sich seines dreidimensionalen Charakters bewusst ist, ist es leichter, es korrekt darzustellen. Die Augen der Wirbeltiere sind ähnlich aufgebaut, aber sie sitzen bei den einzelnen Arten an unterschiedlichen Stellen des Kopfes. Bei Pferden, Rindern und Schafen sitzen die Augen seitlich am Kopf. Bei Katzen, Hunden und Bären sitzen sie dagegen vorn, unterhalb der Stirn.

Es gibt ein paar entscheidende Punkte, die man beim Zeichnen von Augen beachten muss: Der Winkel, in dem sie stehen, die Stelle, wo sich das Licht reflektiert, der Schatten, den das obere Lid wirft. Die Lichtreflexion im Auge hat oft eine runde Form, weil die Oberfläche des Augapfels gewölbt ist. Die Pupillenform ist je nach Art verschieden. Bei Schafen und Ziegen liegen die Pupillen seitlich. Mitglieder der Katzenfamilie haben Pupillen, die sich je nach den Lichtverhältnissen und je nachdem, ob das Tier erregt ist, erweitern oder zusammenziehen. Jagt eine Katze einem Spielzeug hinterher, stellt man fest, dass die Pupillen erweitert sind, sitzt sie in der Sonne, haben sie sich zu senkrechten Schlitzen zusammengezogen. Bei Pferden und Rindern ist die Iris, die farbige Regenbogenhaut, so dunkel, dass sie mit der Pupille zusammen als einheitliches Gebilde erscheint. Man sieht sehr wenig vom weißen Augapfel, es sei denn, das Tier ist erregt oder verängstigt, dann rollt es die Augen, der Augapfel ist gut sichtbar. Auch bei Hunden sieht man wenig vom Augapfel, bei Nagetieren ist er komplett verdeckt, das Auge erscheint dunkel und rund wie ein Knopf.

Tipp: *Zeichnen Sie die Augen mit dem dunkelsten Farbton, der Ihnen zur Verfügung steht und platzieren Sie den hellen Punkt der Lichtreflexion genau, damit das Tier wirklich lebendig wirkt. Man muss die Augen sorgfältig beobachten und genau das zeichnen oder malen, was man sieht. Das Auge ist eine Kugel und hat eine gewölbte Oberfläche, entsprechend gewölbt ist auch die Lichtreflexion auf dem Auge!*

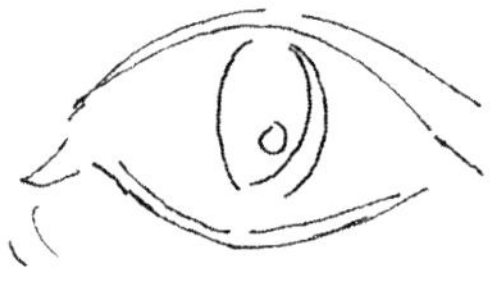

1

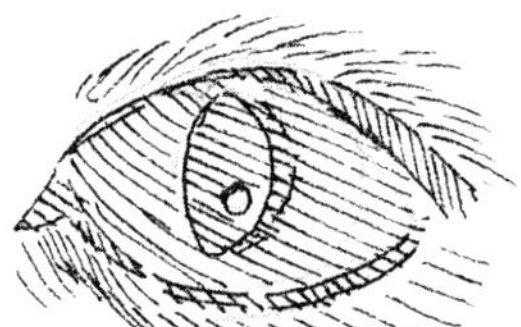

2

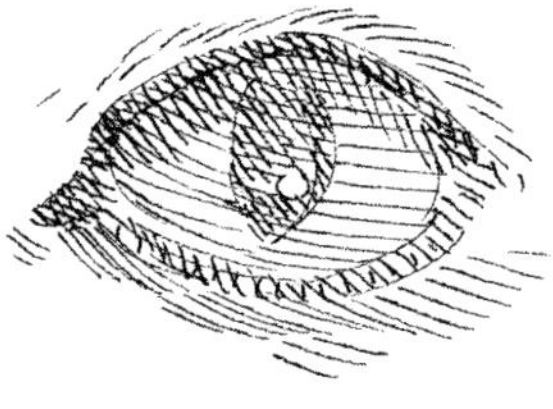

3

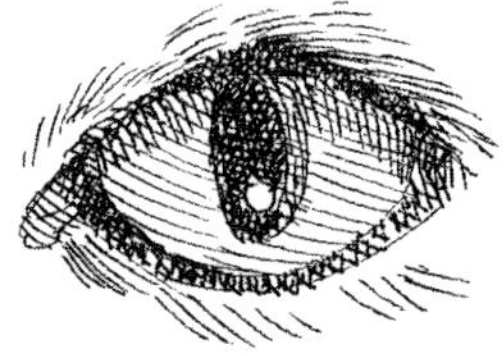

4

Mit einem feinen technischen Zeichenstift wird dieses Auge einer Katze in seinen Einzelheiten dargestellt. Zuerst werden die Konturen festgelegt, die senkrecht angeordnete, fast schlitzförmige Pupille, die helle Stelle der Lichtreflexion (1). Mit feinen Linien wird das Fell um das Auge herum beschrieben, wobei die Streichrichtung der Haare zu beachten ist. Eine regelmäßige Schraffur macht das Auge dunkler (2). Noch dunkler werden die im Schatten liegenden Stellen durch eine Kreuzschraffur. Das betrifft die Ränder, wo das Auge in die Augenhöhle zurücktritt und den durch das obere Lid verursachten Schatten (3). Zuletzt werden die dunkelsten Stellen gebildet. Die Pupille wird durch weitere Schraffierung zum dunkelsten Teil der Zeichnung, wobei der Punkt der Lichtspiegelung sorgfältig ausgelassen wird. Der Bereich des oberen und unteren Augenlids wird noch etwas mehr schraffiert, um auch diese Stellen noch dunkler zu machen (4).

Hier wird der schrittweise Aufbau der Augen von Pferd, Katze, Schaf und Kaninchen gezeigt. Obwohl die Augen sich durch Form, Farbe und Einzelheiten unterscheiden, ist die Methode dieselbe, wie auf der vorigen Seite beschrieben. Man beginnt mit der Grundform. Hier ist zu beachten, dass das obere Lid über das untere reicht, die Lider treffen sich nicht in den Augenwinkeln. Das obere Lid hängt über das Auge wie ein vorstehendes Dach bei einem Haus und wirft einen Schatten auf die Iris, was besonders bei Tieren mit heller Regenbogenhaut zu erkennen ist. Durch diesen Schatten scheint das Auge in der Augenhöhle zu liegen, ohne diesen Schatten würde man Glupschaugen malen. Beim Malen mit Aquarellfarben werden die Schattierungen beginnend mit den hellen Tönen nacheinander aufgebaut, wobei die Lichtreflexe ausgelassen werden, sie bleiben weiß wie das Papier. Je nachdem, wie bestimmte Stellen schattiert und dabei von Hell nach Dunkel getönt werden, erhält das Auge die Form.

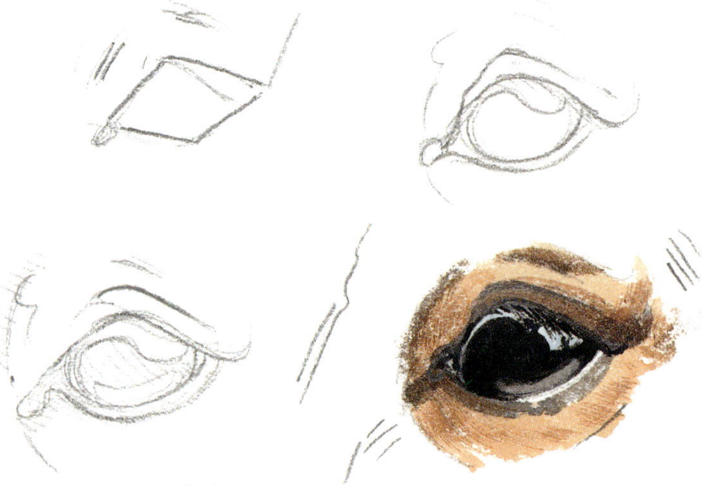

Pferd

Katze

Schaf

Kaninchen

Nase und Maul

Die Nase ist von Tier zu Tier sehr verschieden. Das Pferd hat eine weiche und krause Nase, die Nüstern können sich blähen, wenn das Tier erregt ist oder schwer arbeitet. Schafe und Ziegen haben auf beiden Seiten der Nase schmale Schlitze, die sich vorn treffen und sich mit der Oberlippe verbinden, fast wie bei einer Hasenscharte. Diesen Typ Nase finden wir auch bei Nagetieren wie Mäusen, Kaninchen und Eichhörnchen, aber auch Hunde haben eine leichte Kerbe in der Lippe. Achten Sie darauf, wie aus der Nase ein Teil des Mauls wird. Eine Katze hat einen Stupsnase, dadurch erscheint ihr Gesicht klein und rund.

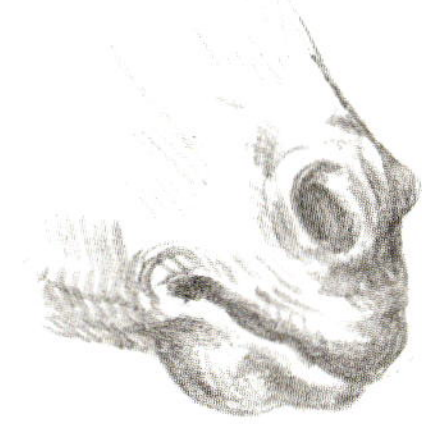

Pferd

Nase und Maul sind wichtig bei der Charakterisierung eines bestimmten Tieres. Den anatomischen Aufbau, der sich dahinter verbirgt, muss man ebenso kennen wie die Art und Weise des Tieres, Nahrung aufzunehmen, zu fressen. Genaues Beobachten befähigt den Künstler zu genauen, charaktervollen Darstellungen. Wie bei dem Auge beginnt man auch hier mit groben Konturen, indem man die Form auf das Wesentliche reduziert. Dann wird Farbe in Abstufungen zugefügt, wobei die hellen und dunklen Stellen sorgfältig herausgearbeitet werden müssen, um körperliche Fülle und Formen anzudeuten. Schließen Sie die Augen halb und konzentrieren Sie sich auf das Wesentliche, ignorieren Sie das Unwesentliche!

Schaf

Rind

Katze

Hund

Die Form des Mauls hängt davon ab, wie und was ein Tier frisst. Katzen und Hunde sind Fleischfresser und haben gut ausgebildete Eck- oder Reißzähne, die Form des Mauls wird von diesen Zähnen bestimmt. Alle Katzen- und Hundearten haben ein breites Maul, der Kiefer reicht bis zum Auge, damit er sich weit öffnen kann, um Beute festzuhalten und zu tragen. Pflanzenfresser wie Pferde, Kühe, Schafe und Hirsche haben lange, über die Augen hinausgehende Kiefer, aber ihr Maul ist zum Kauen bestimmt, es öffnet sich nicht so weit wie bei Katzen und Hunden. Allesfresser wie Schweine haben weit öffnende Kiefer, die Lippen umspielen die Eckzähne in einer geschwungenen Linie.

Nase und Maul werden auch durch Knorpel und Muskeln geformt, die weicher sind als Knochen, dadurch erscheinen sie weniger scharf umrissen. Nase und Maul sind oft durch eine Linie verbunden, so bei Katzen, Hunden und Schafen. Bei genauem Hinsehen erkennt man, dass die Linie zwischen Ober- und Unterlippe dadurch gekennzeichnet ist, dass die Oberlippe über die Unterlippe hängt und einen Schatten auf der Unterlippe hervorruft. Zumindest bei den meisten Tieren ist dies der Fall, es sei denn, diese Form wurde durch Zucht verändert. Der Bereich von Nase und Maul gehört zu den dunkelsten Stellen am Körper, man darf es mit den dunklen Tönen allerdings auch nicht übertreiben.

Beachten Sie, wie sich bei diesem Schwein die Linie des Mauls über den Eckzahn wölbt. Das Schwein scheint dadurch zu lächeln.

Die Ohren

Die Ohren (wir reden hier vom Außenohr) sagen sehr viel darüber aus, ob ein Tier aufmerksam, erschrocken oder ruhig und gelassen ist. Ohren gibt es in so unterschiedlichen Formen und Größen, dass es scheint, sie hätten nichts gemein. Doch obwohl äußerlich verschieden, besteht die Ohrmuschel im Wesentlichen aus zarten Knorpeln, die mit Haaren oder Fell bedeckt sind und durch Muskeln bewegt werden. Dadurch, dass sie nicht aus Knochen bestehen, scheinen die Ohren beweglicher und weicher als andere Körperteile – das sollte eine Zeichnung vermitteln. Bei Säugetieren liegen die Ohren über und hinter den Augen, ein wenig unterhalb der höchsten Wölbung des Kopfes, nicht obenauf.

Beobachten Sie die Ohren des Tieres sorgsam – lässt es die Ohren hängen, richtet es die Ohren nach vorn oder spitzt es die Ohren? Durch die genaue Darstellung dessen bekommt ein Tier Charakter. Da Ohren so verschieden sind, sollte man sie auf geometrische Formen reduzieren, die als Grundlage dienen. Oft sind Ohren rhombus- oder rautenförmig, meist haben sie Falten, also muss man die dadurch entstehenden Schatten beachten.

Schaf

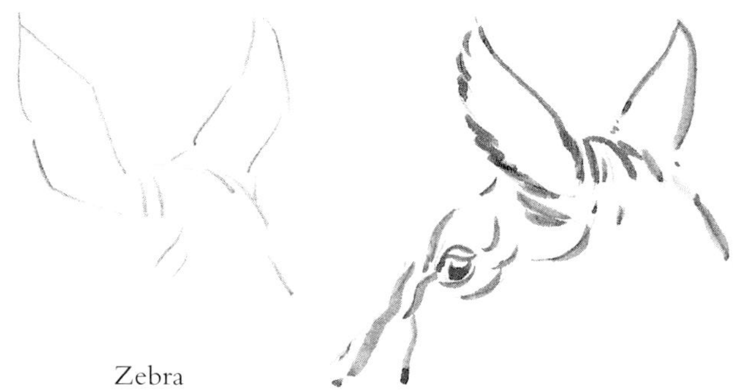

Zebra

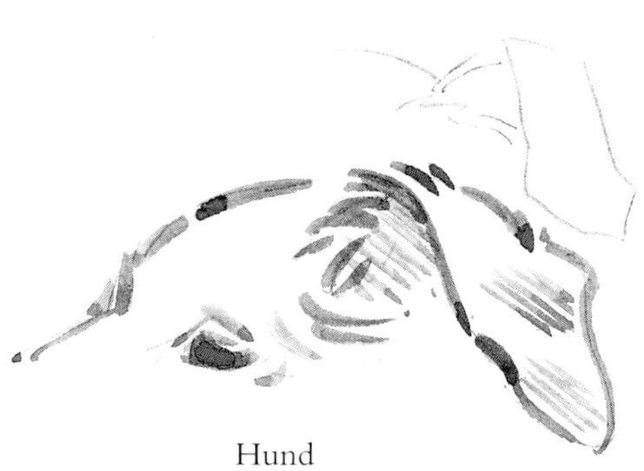

Hund

Katze

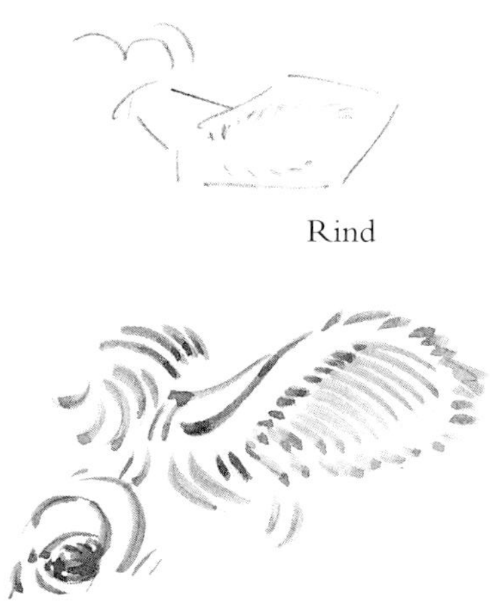

Rind

Pferd

Die Füsse

Füße sind oft schwer zu erkennen, deshalb ist man versucht, ihnen weniger Beachtung zu schenken. Sie sind jedoch ein wichtiger Bestandteil der Form des Tieres und bestimmen, wie es steht und läuft. Füße zeichnen mag keinen Spaß machen, aber man wird feststellen, dass das Gelingen der Zeichnung auch davon abhängt, ob die Füße richtig dargestellt sind.

Säugetiere unterteilt man nach ihrer Fußform in Sohlengänger, Zehengänger und Huftiere. Bären und Dachse setzen die ganze Fußsohle auf den Boden, Katzen laufen auf ihren Zehen, wobei der hintere Teil des Fußes vom Boden abgehoben ist, und Pferde, Hirsche und Rinder laufen auf den jeweils letzten Zehengliedern, die zu Hufen umgebildet sind. Bei einer Katze beispielsweise befindet sich die Ferse am Hinterbein beim Laufen in der Luft, sie sitzt aber auf dem gesamten hinteren Fuß.

Den Winkel, in dem der Fuß zum restlichen Bein steht, muss man ebenfalls beachten. Die Füße stehen meist winklig versetzt zum Bein, so kann das Gelenk das Gewicht des Körpers abfedern, das durch das Bein auf den Fuß wirkt.

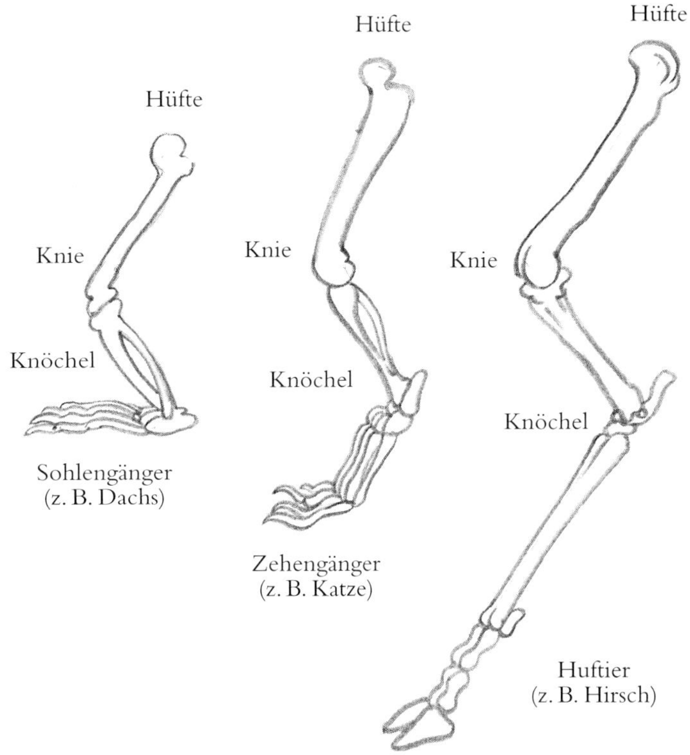

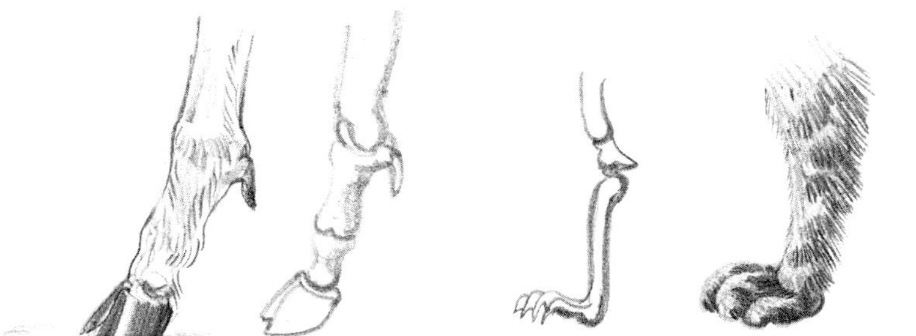

Hirsch

Katze

Oben: Ein Vergleich der Hinterbeinknochen verschiedener Tiere zeigt, dass manche auf der gesamten Fußsohle laufen, manche auf den Zehen und andere wiederum auf den Zehenspitzen. Man beachte den Winkel des Fußes bzw. von Teilen des Fußes zum Bein, mit dessen Hilfe das Gewicht abgefedert wird. Er beeinflusst Gang und Haltung des Tieres und sollte deshalb genau beobachtet werden.

Oben und unten: Die Abbildung zeigt die Fußform verschiedener Tiere sowie den zu Grunde liegenden Knochenaufbau. Je nach Art laufen Tiere auf unterschiedlichen Teilen des Fußes. Fuß und Bein stehen in einem Winkel zueinander.

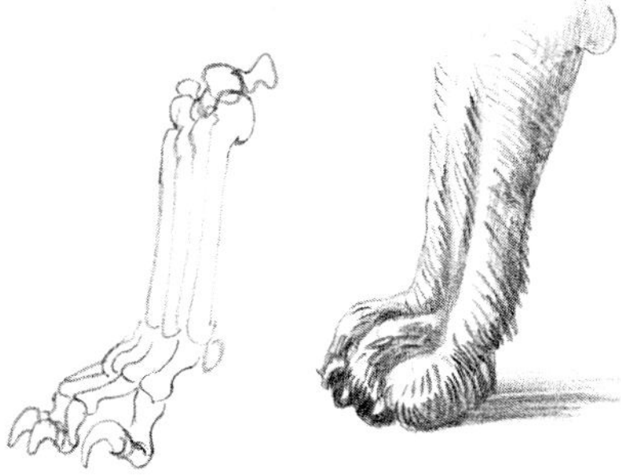

Hund

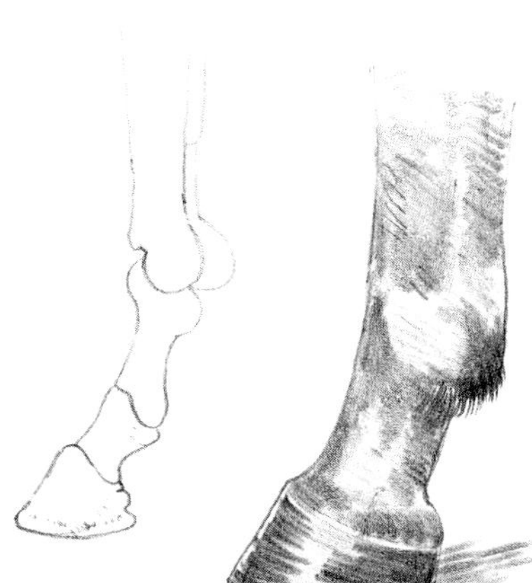

Pferd

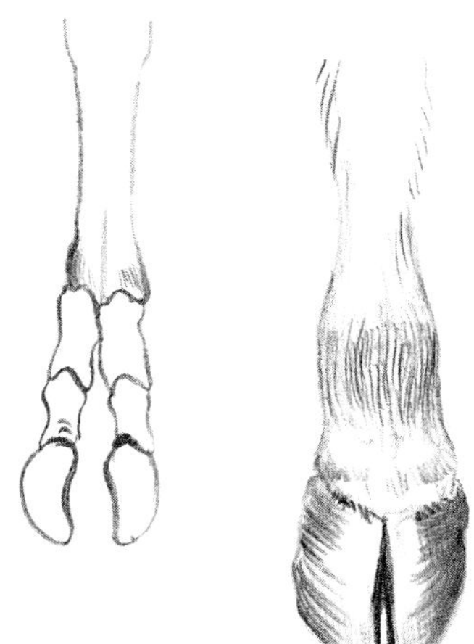

Rind

Jungtiere

Jungtiere haben denselben Knochenbau wie ihre Eltern, aber die Proportionen der Körperteile und ihre Merkmale sind anders, die ganze Form des Körpers ist weicher und rundlicher. Bei neugeborenen Tieren scheint die Haut oft lose zu sein, manchmal ist sie faltig, auch wenn die Falten bald verschwinden. Neugeborene Tiere haben auch Schwierigkeiten, das Gleichgewicht zu finden, das sie zum Stehen und Laufen brauchen, sie haben meist einen taumelnden Gang. Oft finden sie es leichter, zu rennen. Bei Fohlen und Kälbern sind die Beine unproportional lang, sodass sie schnell rennen können – ihre einzige Chance gegen Feinde liegt in der Flucht – was sie so charakteristisch schlacksig wirken lässt. Bei allen Tierkindern liegen die Augen, wie bei Menschenkindern auch, im Gesicht weiter unten zur Nase hin. (Wenn man einem Menschen, der Modell sitzt, schmeicheln will, lässt man ihn jünger scheinen, indem man die Augen etwas nach unten rückt.)

Bei dieser Zeichnung eines Fohlens werden zunächst die rundliche Körperform, die großen rundlichen Gelenke an den Beinen und die Position der Augen weiter zur Nasen hin mit leichten Bleistiftstrichen festgehalten. Schraffierte Tonabstufungen bilden dann die Form heraus und betonen die Breitbeinigkeit, mit der das Fohlen sich noch unsicher bewegt.

Bei Jungtieren scheinen die Augen tiefer im Gesicht und näher zur Nase hin zu liegen. Die abgebildeten Kätzchen und das Kälbchen haben einen niedlichen, kindlichen Gesichtsausdruck.

VÖGEL

Jeder weiß, dass Vögel aus Eiern schlüpfen – wie nützlich die Eiform beim Zeichnen ist, muss man sich erst bewusst machen. Wer ein Ei zeichnen kann, kann auch einen Vogel zeichnen, denn alle Vögel, so unwahrscheinlich es klingt, haben die Form eines Eis! Der Kippwinkel und die exakte Form dieses „Eis" sind natürlich von Art zu Art verschieden; Rotkehlchen sind rund, Reiher haben längliche Körper.

Man möchte meinen, dass Farben und Federn die wichtigsten Faktoren im Erscheinungsbild eines Vogels sind, aber der Körperbau ist noch wichtiger – man sollte also beim Zubereiten eines Hühnchens einmal genau hinsehen! Die Form eines Vogels besteht zum Großteil aus Kurvenlinien, also sollte man bewusst nach *geraden* Linien suchen und diese betonen. Das trifft übrigens beim Zeichnen generell zu, denn wenn eine Zeichnung nicht ausgesprochen expressiv sein soll, muss ein Gleichgewicht zwischen Geraden und Kurvenlinien herrschen: Gerade Linien drücken Kraft aus und setzen Akzente, Kurvenlinien wirken anmutig und lyrisch. Beide haben also auch negative Aspekte: zu viele Geraden wirken zu stark und dadurch aggressiv und starr, zu viele Rundungen wirken schwach und schlaff.

Vögel haben winzige runde Augen, bei kleinen Arten wirken sie sehr schwarz und voll Glanz. Bei manchen Vögeln, Eulen zum Beispiel, sieht man die farbige Iris. Manchmal hängen längere Federn über die Augen, was bei Raubvögeln mitunter dazu beiträgt, dass sie sehr grimmig dreinblicken. Die Schnäbel unterscheiden sich je nach ihrer Aufgabe. Greifvögel haben einen starken, gebogenen Schnabel, mit dem sie ihre Beute beim Fressen zerreißen, die Schnäbel der Stelzvögel sind lang und schmal, um im Schlamm flacher Gewässer nach Nahrung zu stochern. Körnerfresser knacken mit ihrem kurzen, kräftigen Schnabel harte Nussschalen und Samenkerne, Enten haben flache Schnäbel mit Hornlamellen, um Nahrungsteilchen aus dem Wasser seihen.

Vögel haben *keine* äußerlich sichtbaren Ohren, auch wenn Eulen aussehen, als ob sie welche hätten und deren Federbüschel auch als „Ohren" bezeichnet werden. Sie haben stattdessen Ohröffnungen auf beiden Seiten des Kopfes.

Unten und gegenüberliegende Seite: Wenn Sie die Eiform als Grundlage nehmen, können Sie die Haltung eines Vogels schnell erfassen. Das ist wichtig, wenn man am lebenden Objekt übt, denn da muss man möglichst viele Informationen zu Papier bringen, bevor das Objekt davonfliegt. Für den Kopf und die Schwanzfedern fügt man einfache Formen hinzu. Wir bemerken, dass sich der Körper der meisten Vögel, die wir in Hof und Garten antreffen, in einem Winkel von 45° zur Erdoberfläche neigt, es sei denn, sie picken und fressen gerade.

Oben und rechts: Eine schwimmende Ente kann in ihrer Form als liegendes Ei gesehen werden. Ein kleineres liegendes Ei bildet den Kopf, eine Kegelform am Hinterteil den Schwanz.

Die Füße von Vögeln unterscheiden sich ebenfalls nach ihrer Aufgabe, auch wenn sie alle dieselbe Anzahl von Zehen aufweisen. Die zweite Zehe besteht aus zwei Knochen, die dritte, mittlere Zehe aus dreien, die vierte, äußere Zehe besteht aus fünf Knochen, verbunden durch vier Gelenke. Die erste Zehe entspricht dem menschlichen Daumen und befindet sich am hinteren Ende des Fußes, den anderen Zehen gegenüberliegend. Bei Adlern und Falken ist diese Zehe sehr gut ausgebildet, sodass der Vogel Beute greifen kann, bei Vögeln, die in Bäumen leben, ist sie so geformt, dass sie Äste gut umfassen können. Bei Wasservögeln sind drei Zehen durch Schwimmhäute verbunden und der „Daumen" ist kaum sichtbar, während die Schwalbe, die die meiste Zeit in der Luft verbringt, ihre eng beisammen liegenden Zehen dazu benutzt, sich irgendwo festzuklammern. Spechte und Kuckucks haben paarweise angeordnete Zehen, zwei nach vorn und zwei nach hinten zeigend. Bei allen Vögeln ist der Fuß mit Schuppen bedeckt, die sich von den Federn, die den restlichen Körper bedecken, erheblich unterscheiden. Diese schuppigen Füße verraten, dass Vögel und Reptilien gemeinsame Vorfahren haben.

Vogelaugen malt man auf dieselbe Weise wie die Augen anderer Tiere. Man beginnt mit einer einfachen Zeichnung der wesentlichen Formen und hält genau fest, wo sich das Licht spiegelt. Dann folgen die hellen, mittleren und dunklen Töne und die farbigen Stellen. Man sollte das, was man zeichnet, auch in seinem Wesen verstehen, wenn die Augen beispielsweise eine helle Farbe aufweisen wie bei Eule und Bussard, werfen die Federn über dem Auge Schatten.

Saatkrähe

Papagei

Bussard

Eule

Saatkrähe

Rechts: Der Buchfink hat ein kleines, dunkles Knopfauge, einen kurzen, kraftvollen Schnabel, mit dem er Samenkörner und Nüsse frisst, und feingliedrige Füße, mit denen er sich auf Ästen und Zweigen festhält. Männchen sind farbenfreudiger gefiedert als Weibchen und Jungtiere.

Unten: Der Adler ist ein Greifvogel, der Bau seiner starken Füße erlaubt ihm, seine Beute zu greifen. Die Krähe und das Huhn haben Füße, mit denen sie gut auf Stangen u. Ä. sitzend schlafen können, Gänse haben Schwimmhäute, die ihnen das Vorwärtskommen im Wasser erleichtern.

Huhn

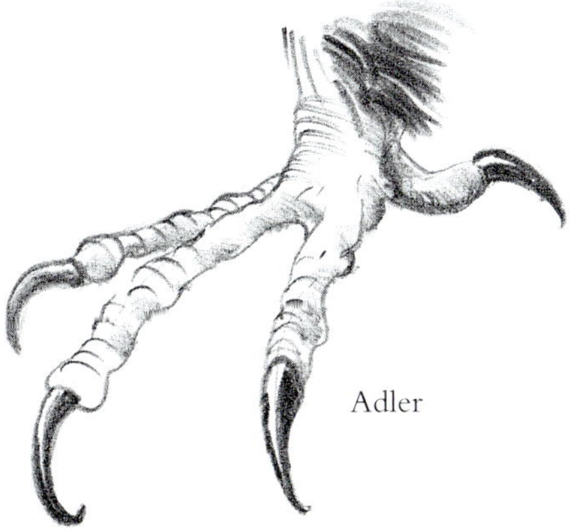

Adler

Krähe

Oben: Schnäbel sind in Form und Größe unterschiedlich, je nach den Ernährungsgewohnheiten des Vogels. Eine Linie, die man unterhalb des Auges verlängert, bildet die Trennlinie zwischen oberer und unterer Schnabelhälfte.

Huhn

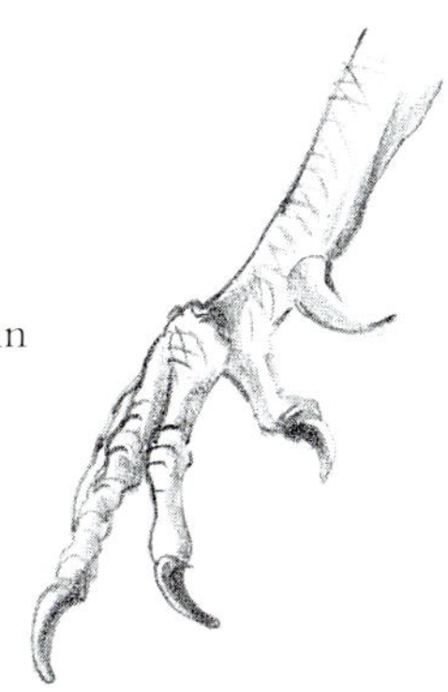

Gans

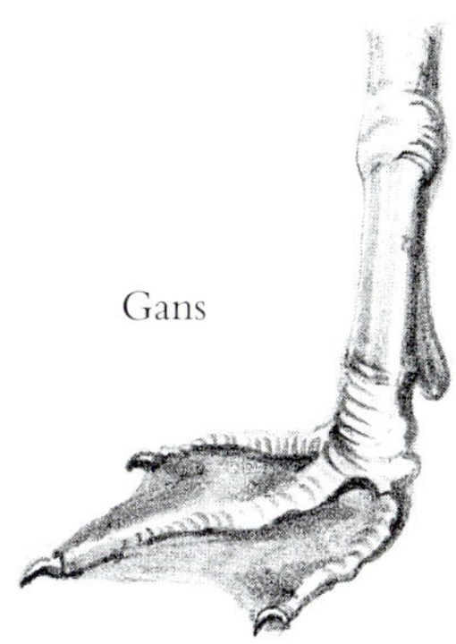

KAPITEL 3

Oberflächen strukturieren

Stark strukturierte Oberflächen wie Fell, Haare, Wolle, Schuppen oder Federn sind oft diejenigen Faktoren bei einer Tierdarstellung, die das Tier interessant machen und am meisten charakterisieren. Für den Künstler jedoch stellen sie eine große Herausforderung dar, die leicht entmutigen kann. Die Texturen von Fell und Gefieder sind unwahrscheinlich facettenreich, sie variieren in Farbe, Zeichnung und Lichtreflexion. Andererseits verhüllt das Haarkleid oft die Form des Tieres, es fällt schwer zu erkennen, wie das Tier wirklich gebaut ist.

Wie nun stellt man sich am besten dieser Herausforderung beim Zeichnen und Malen von Tieren? Dieses Kapitel soll diese Frage beantworten: Schritt für Schritt wird gezeigt, wie mit Aquarellfarbe oder anderen Techniken in Kombination mit Aquarellfarbe die Oberflächen wie gewünscht strukturiert werden können. Es ist nicht schwer, wenn man das Tier, das man gestalten möchte, aufmerksam studiert und man sich mit ein paar Grundprinzipien vertraut macht, bevor man zu zeichnen beginnt.

WACHSTUMSMUSTER UND -RICHTUNG VON HAAREN, FEDERN, SCHUPPEN

Zuerst beobachtet man, wie Haare, Fell, Wolle oder Schuppen wachsen. Dabei wird man bemerken, dass kurzes Haar meist in Richtung Hinterteil des Tieres wächst. Die Wolle eines Schafes dagegen steht rechtwinklig zum Körper; wenn das Tier sich bewegt, kann man an den Gelenken die parallel verlaufenden Wülste sehen, zu denen sich die aufrecht stehenden Wollhaare verfilzen. Man stellt sie durch schattierende Abstufung dar, zwischen den Wülsten ist es dunkler, obenauf heller. Manchmal können auch die Farbtöne an dieser Stelle variieren, die äußere Wolle ist schmutziger als die darunter gelegene.

Diese Bleistiftzeichnungen zeigen verschieden strukturierte Oberflächen bei Tieren.

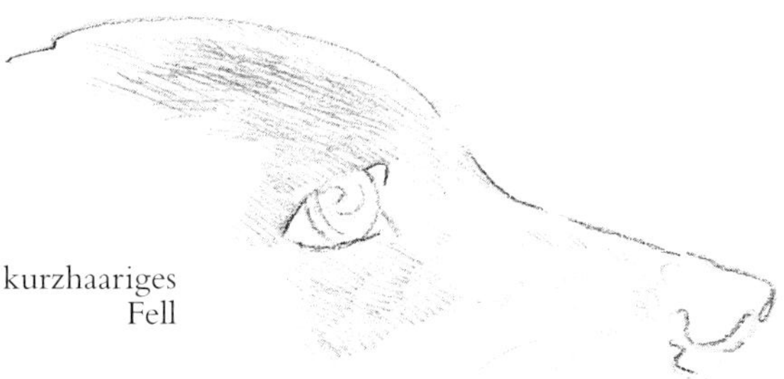

kurzhaariges Fell

Wolle

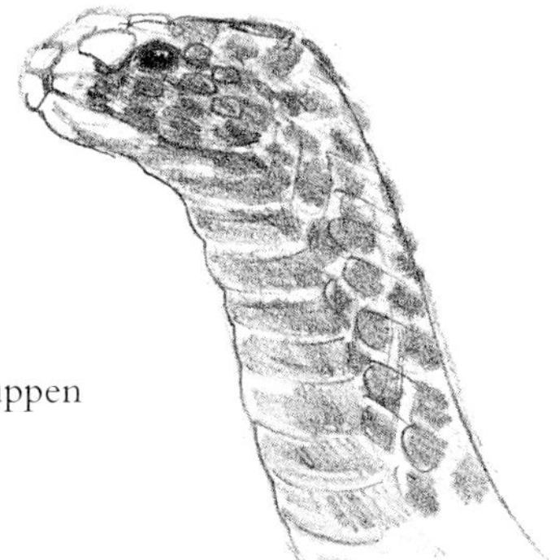

Schuppen

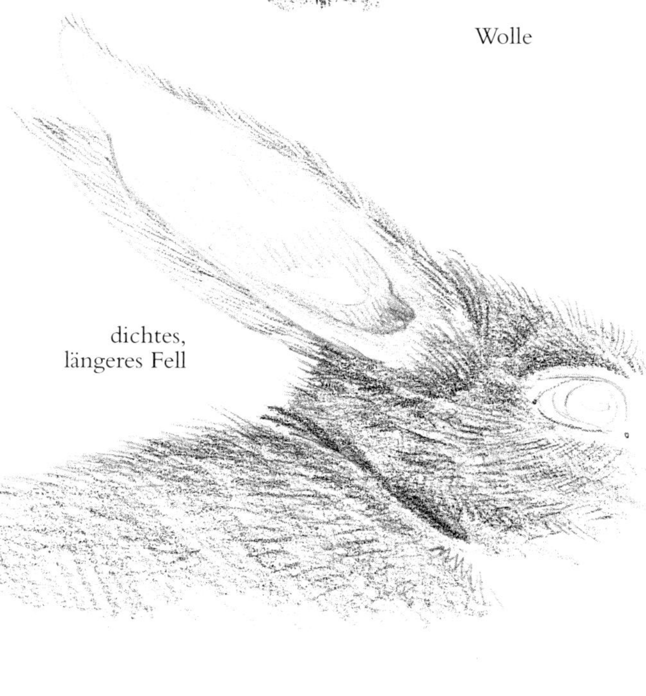

dichtes, längeres Fell

Dichtes Fell besteht aus zwei verschiedenen Arten von Haar: das lange, kräftige Deckhaar wird ergänzt durch dichtes, weiches Wollhaar darunter. Diese Kombination bietet dem Tier Schutz gegen Kälte und Nässe.

Schuppen ziehen sich in Mustern über den gesamten Körper hin. Manchmal sieht man Schuppenkämme auf der Unterseite des Bauches, beispielsweise bei Schlangen und Krokodilen, die ihnen helfen, sich vorwärts zu bewegen.

Ein Haarkleid ist etwas Faszinierendes. Am besten lernt man es kennen, indem man einen gutmütigen Hund oder eine zutrauliche Katze genau untersucht. Beginnend an der Nase, wächst das Haar kreis- oder strahlenförmig weiter über das ganze Gesicht und die Ohren, unter dem Kinn wächst es weiter zu Brust, wo sich die Haare in einem Wirbel treffen. Von da aus wächst es strahlenförmig über Rücken, Bauch und Beine. Es gibt weitere Wirbel, die den Wechsel der Wachstumsrichtung der Haare anzeigen. Sie helfen uns dabei, den Aufbau des Fells zu verstehen und wiederzugeben. Die Stellen, wo Beine und Körper zusammengewachsen sind, sind ebenfalls wichtig: Wenn sich des Künstlers Pinsel- oder Bleistiftstriche in derselben Richtung bewegen wie das Haar des Tieres, wird eine überzeugende Darstellung entstehen.

Diese Zeichnung zeigt, wie die Haare auf dem Kopf eines Kaninchens in bestimmten Richtungen wachsen. Achten Sie darauf, wie das Haar von der Nase aus über den Kopf und weiter wächst und halten Sie diese Streichrichtung der Haare in der Zeichnung fest.

Licht und Schatten

Durch Licht und Schatten, Hell und Dunkel, sehen wir dreidimensional. Durch Licht und Schatten erkennen wir Oberflächenstrukturen und können sie mit Stift oder Pinsel darstellen. Deshalb ist es so wichtig, ein Motiv im richtigen Licht zu malen, denn nur dann kann man die Kontraste zwischen Hell und Dunkel sehen und ein Bild schaffen, das in sich geschlossen ist. Ein Tier, das bei schlechtem Licht gemalt wurde, könnte flach und leblos wirken.

Besonders sollte man darauf achten, wie das Licht auf Nase, Schultern und Rumpf fällt. Wo die Knochen kurz unterhalb der Haut liegen, zeichnen sich Lichtreflexe scharf ab – entlang des Rückgrats einer Ziege, beispielsweise. Am Hinterteil eines Pferdes sind die Übergänge zwischen Hell und Dunkel dagegen weicher, die Lichtreflexe diffuser, denn zwischen Skelett und Haut liegen größere Muskelverbände und sonstiges Gewebe, die weicher sind als Knochen.

Oben und rechts: Der Effekt, den Licht auf dem Körper eines Tieres bewirkt, hängt von der Richtung ab, aus der es kommt, von der Intensität und von der Form des Körperteils, auf den es fällt. Bei der knochigen Ziege entsteht so ein scharf abgesetztes Muster von Licht und Schatten. Dagegen sind die Schatten auf den muskulösen und rundlichen Flanken des Pferdes weicher und ohne feste Konturen.

Kurzhaariges Fell

Beim Zeichnen oder Malen von kurzhaarigem Fell muss man zuerst feststellen, von wo und wie das Licht auf den Tierkörper fällt. Bei glattem kurzem Fell ist der Übergang von Hell zu Dunkel gleichmäßiger als bei langem Fell. Man sollte auf dunkle Akzente achten, die, scharf abgesetzt, der Zeichnung Lebendigkeit verleihen. Das Spiel von Licht und Schatten hängt auch vom Körperbau des Tieres ab. Man muss zwar kein Anatomieexperte sein, um Tiere zu malen, aber ein elementares Wissen dessen, was sich unter der Haut abspielt, kann sehr hilfreich sein. Hat das Tier einen knochigen oder einen rundlichen Körperbau oder beides in Kombination? Wenn es kantig wirkt, liegen die Knochen des Tiers direkt unter der Haut und bewirken scharf abgesetzte Lichtreflexe. Bei einem rundlichen Tier mit weichen Formen ist das Knochenskelett umhüllt von Fettgewebe und Muskeln. Auf diese Dinge sollte man achten, bevor man zu zeichnen beginnt.

Kurzhaariges Fell mit Bleistift darstellen

Ein Bleistift ist in der Lage, Texturen besonders sensibel darzustellen, besonders bei kurzem, glattem Fell. Bleistifte können für schnelle Skizzen vor Ort, direkt aus der Anschauung heraus, ebenso nützlich sein wie für ausgefeilte Zeichnungen. Glattes Zeichenpapier oder Bristolkarton eignet sich gut, dazu ein harter 2H-Bleistift für Konturen und feine Linien, ein 2B-Bleistift für helle Schattierungen und ein paar weiche Bleistifte wie 6B und 8B.

Die Bleistifte schärft man möglichst mit einem Messer, der 2H-Bleistift kann auch mit einem Spitzer vorbereitet werden, da er eine scharfe Spitze haben sollte. Die anderen Minen werden mit Hilfe einer mit Sandpapier bestückten Minenreibe oder eines Schmirgelbrettchens keilförmig angeschliffen. Somit erhält man eine Reihe von Werkzeugen, mit denen man gut schattieren und abstufen kann – man kann das Werkzeug Bleistift ruhig so gebrauchen, als würde man mit Farbe „malen“. Mit dem 2B-Bleistift trägt man die hellen „Lasuren“ auf, bei einem glatten Papier gleitet der Bleistift dabei leicht über die Oberfläche. Die weicheren Bleistifte sollten für die dunkelsten Töne genommen werden.

Die schrittweise Zeichnung einer Kuh (siehe unten) zeigt, wie Bleistifte, in wohl bedachter Technik angewandt, durchaus eine fertige Zeichnung zu Stande bringen können, nicht nur eine schnelle, auf der Stelle gefertigte Skizze. Hier wird der Bleistift nicht als lineares Zeichengerät, sondern als Medium der sanften Töne eingesetzt.

Durch die Kombination zweier Bleistifte verschiedener Härtegrade wurde es möglich, das feine, aus dünnen

1

2

3

1 Mit einem 2H-Bleistift wird die Kuh leicht umrissen, wobei man nicht zu sehr aufdrücken sollte, um keine Eindrücke im Papier zu hinterlassen, die bleiben, wenn die Linien selbst wegradiert wurden.

2 Wie mit Aquarellfarbe wird von Hell nach Dunkel gearbeitet. Mit dem 2B-Bleistift entstehen kurze, gleichmäßig flächig aufgetragene Striche, wobei man der Wuchsrichtung des Haares folgt. Dies entspricht der ersten Farbschicht bei Aquarellen, hier entstehen die hellen Stellen des Fells.

3 Mit 6B- und 8B-Bleistiften werden die dunkleren Abstufungen geschaffen. Um die Zeichnung lebendig zu erhalten, werden einzelne Striche gemacht, die nicht ineinander wischen.

Haaren bestehende Fell der Maus darzustellen. Dabei wurden die Eindrücke, die der harte Bleistift bei festem Druck auf dem Papier hinterlässt, bewusst integriert.

HAUT MIT KOHLE DARSTELLEN

Manche Tiere, die nicht oder nur spärlich behaart sind, haben zum Schutz stattdessen eine lederartige Haut entwickelt. Für die Darstellung solcher Tiere wie Elefanten und Nashörner ist Zeichenkohle wie geschaffen.

Kohle kann eine ganze Reihe ausdrucksvoller Texturen schaffen. Mit der Seitenfläche eines großen, dicken Kohlestücks können feine Linien und breite Flächen strukturiert werden, die die samtige Haut vieler Tiere wiedergeben.

Oben: Die Konturen der Maus wurden mit einem harten Bleistift (H-Gradierung) gezeichnet. Mit demselben Bleistift wurde der Körper gestaltet: Die kurzen Linien folgen der Wuchsrichtung des Haarkleides, dabei wurde fest aufgedrückt. Dann wurde mit einem 5B-Bleistift über den Körper gewischt, die Bleistifteindrücke der kurzen Linien der Haare bleiben sichtbar.

Rechts: Zeichenkohle wird am besten für großflächige Zeichnungen eingesetzt und eignet sich hervorragend für die Gestaltung von Oberflächen wie die Haut eines Elefanten. Wenn man ein kleines Stück abbricht, kann man mit der Seitenfläche zeichnen.

KURZHAARIGES FELL MIT FARBSTIFT DARSTELLEN

Kurzhaariges Fell kann auch mit Künstlerfarbstiften gut dargestellt werden. Wasservermalbare Farbstifte können nass und trocken oder in Kombination von beiden eingesetzt werden. Wenn man nur wenig Wasser nimmt, kann man auf dünnerem Aquarellpapier oder auf dickem Zeichenpapier malen, ohne das Papier vorher aufziehen und spannen zu müssen.

Farbstifte oder trocken vermalte Aquarellstifte haben viele Vorteile. Sie sind in der Lage, sehr zart zu malen und feine Details darzustellen. Der Künstler kann sie kontrolliert einsetzen und sogar radieren, was ihm Selbstvertrauen und Sicherheit gibt. Ältere Kinder mögen sie deshalb besonders. Es braucht Zeit, ein Bild mit Farbstiften aufzubauen, man kann sich dabei beruhigen und entspannen.

Farbstifte sollten immer gut gespitzt sein. Entweder man tut dies mit einem Messer und schleift die Spitze danach mit Sandpapier keilförmig, um mit breiten Strichen Schattierungen und farbliche Abstufungen zu malen, oder man wählt den Bleistiftspitzer und erhält eine scharfe Spitze. Farbstifte sowie Aquarellstifte können, trocken angewandt, Aquarelllasuren mit Struktur versehen.

Oben, links und unten: Die Maus wurde mit einer schwachen Farblösung aus Ocker und einem Hauch Zinnober koloriert. Nach dem Trocknen wurde das Fell mit einer Mischung aus Ocker und Siena gebrannt in der weiter hinten erläuterten Technik des „trockenen Pinselstrichs" gestaltet, mit einem spitzen braunen Farbstift wurden weitere Haarsträhnen herausgearbeitet.

Oben: Dieses Schwein wurde mit wasservermalbaren Farbstiften, nass und trocken angewandt, gemalt. Zuerst wurde die Farbe trocken aufgetragen, dann mit einem nassen Pinsel überwischt um die Farbe zu lösen. Mit trockenem Stift wurde darüber das borstige Fell gestaltet.

Nächste Seite:

1 Um dieses schöne Pferd darzustellen, sollte man glattes Zeichenpapier wählen, um dem glatten Fell des Tieres zu entsprechen, sowie fünf Farbstifte – drei verschiedene Grautöne, Siena natur und Lichter Ocker. Man beginnt mit einfachen Konturen und schraffiert dann die mittleren Töne mit regelmäßigen Strichen. Das Weiß des Papiers bildet die Stellen, wo das Fell im Licht glänzt, warme Ockertöne deuten die Körperform des Tieres an.

2 Mit einer Reihe von Schraffuren und Tupfen entwickelt sich das Bild, das man dabei nicht überladen darf, sodass durch die Zartheit von Zeichnung und Papier ein Eindruck von der Geschmeidigkeit des Tieres mit seinem seidigen Fell vermittelt wird. Die dunkelsten Stellen im Bild befinden sich an den Hufen, an der Unterseite des Körpers, um die Nüstern herum und an den Augen!

1

2

Kurzhaariges Fell mit Aquarellfarbe darstellen

Aquarellfarbe ist für die Darstellung von Tieren mit kurzem, glattem Fell hervorragend geeignet, ob man das Tier nun aus der Nähe oder von Weitem gesehen abbildet. Eine Nass-in-Nass-Technik bietet normalerweise die zarten Übergänge von Ton zu Ton, mit denen sich weiche Formen darstellen lassen. Man beginnt mit der Farbwahl, wobei man sich auf vier oder fünf Farben beschränken sollte. Die Palette kann erweitert werden, indem man diese ausgewählten Farben in verschiedenen Kombinationen untereinander mischt. Man arbeitet von Hell nach Dunkel, beginnt also mit den hellsten Tönen und fügt dann Schritt für Schritt die dunkleren hinzu.

Zuerst mischt man den hellsten Farbton. Mischen Sie immer mehr Farblösung, als Sie meinen zu brauchen! Wenn die gemischte Farbe aufgebraucht ist, muss man das Malen unterbrechen, um neue zu mischen, dabei trifft man selten exakt denselben Ton. Außerdem trocknet das Bild, während man mit Mischen beschäftigt ist, das gibt harte Ränder, wo man sie gar nicht haben will. Dann stellt man die Farblösung für den mittleren Farbton her – man nimmt einfach mehr Farbe, weniger Wasser – diese Farbe könnte auch leicht von der vorigen abweichen.

Mit dem größten Pinsel, den man noch bequem handhaben kann, verteilt man den hellen Ton über die gesamte Form, wobei man die Stellen, wo das Fell im Licht glänzt, auslässt. Während die Farbe nicht mehr nass, aber noch feucht ist, folgt der mittlere Ton, wobei man die Stellen, die hell bleiben sollen, weiträumig ausspart – diese Stellen sollten bereits in der Bleistiftzeichnung gekennzeichnet werden. Der mittlere Ton wird in den ersten Farbauftrag des hellen Tons „hineinkriechen“, was einen weichen Übergang von Hell nach Dunkel bewirkt. Die ersten Versuche mögen unbefriedigend ausfallen; es bedarf einiger Übung, um ein Gefühl für die Farbe zu bekommen, dafür, wie sie sich auf einem bestimmten Papier verhält, wie sie trocknet, dafür, wie sich eine Farbschicht zur anderen verhält. Für diese Nass-in-Nass-Technik braucht man Übung und Sicherheit, vielleicht sogar ein wenig Wagemut und Draufgängertum. Es sieht so leicht aus, aber wir wissen, dass es das nicht ist. Aquarelle in Nass-in-Nass-Technik vermitteln eine Frische und scheinbare Leichtigkeit, die reizvoll und ansprechend wirkt, also lohnt es sich, diese Technik zu beherrschen.

1 Zuerst werden die Konturen des Tieres grob umrissen. Mit einem 2B-Bleistift wird dabei leicht und locker auf glattem Papier gearbeitet, das auf ein Zeichenbrett aufgezogen und gespannt wurde.

2 Eine helle Farbschicht aus Französisch-Ultramarin und Siena gebrannt wird aufgetragen, wobei jegliche Stellen, die weiß bleiben sollen, ausgespart werden. Mit Siena gebrannt wird die Nase gemalt. Dann werden die weißen Stellen mit sauberem Wasser angefeuchtet, sodass die Farbe an den Rändern verlaufen kann, dadurch entsteht der Eindruck von weichem Fell.

3 Sobald die erste Farbschicht trocken ist, wird darüber eine dunklere Mischung derselben Farbe aufgetragen, wobei an manchen Stellen die hellere Farbe durchschimmert. Kurze Pinselstriche verleihen dem Bild Struktur.

4 Zuletzt wird das Auge mit einer dunklen Mischung aus Französisch-Ultramarin und Siena gebrannt hinzugefügt sowie andere Details. Das Fell erhält eine leicht gröbere Textur mit einem fast trockenen, härteren Pinsel getaucht in Dunkelgrau.

Schatten sollten mit dunkleren Versionen der Farben gemalt werden, die für das Fell des Tieres bereits eingesetzt wurden. Man kann etwas Blau hinzufügen, Blau wirkt vertiefend. So erreicht man bewusst den Effekt, dass die Ebene der Schatten etwas tiefer zu liegen scheint.

Wer sich nicht an die Nass-in-Nass-Technik traut, kann die folgende Methode ausprobieren, bei der man ohne große Anstrengung denselben Effekt erzielt: Man trägt die hellste Farbschicht auf und lässt sie trocknen. Mit einem sauberen Pinsel und Wasser befeuchtet man die Stellen, die man mit dem mittleren Farbton übermalen will, ohne sie zu durchnässen. Dabei sollte man mit dem feuchten Pinsel leicht über diese Stellen hinausgehen, um ein etwas größeres Gebiet zu befeuchten. Ein Tropfen des mittleren Farbtons in die Mitte der feuchten Stellen bewirkt, dass sich die Farbe langsam nach außen verteilt. Das Ergebnis ähnelt dem der Nass-in-Nass-Technik.

TIPP: *Je weniger Farben Sie nehmen, umso besser. Bei zu vielen Farben ist es schwierig, einen Überblick über die ganzen Mischungen zu behalten, das Ergebnis sind grau und schmutzig wirkende Farben. Bei einer Palette einiger weniger, sorgfältig ausgewählter Farben behält man leicht die Kontrolle, die Farben bleiben frisch und das Bild wird ein einheitliches Ganzes werden, da sich die Farben innerhalb des Bildes aufeinander beziehen.*

1 Der Kopf dieses Hundes wird mit einer einfachen Konturenzeichnung mit einem 2B-Bleistift begonnen.

1

3

2 Mit einer Mischung aus Permanentrot und Gummigutt werden die farbigen Stellen gemalt. Die Schatten, besonders die auf den weißen Stellen, bestehen aus einer Mischung von Kobaltblau und Quinacridonrosa.

2

3 Umbra gebrannt wird dem Gemisch aus Permanentrot und Gummigutt zugesetzt, um einen dunkleren Farbton für die Ohren, den oberen Teil des Kopfes und das Kinn zu erhalten. Das Schwarz für die Augen entsteht aus Quinacridonrosa, Ultramarinblau und Umbra gebrannt. Dem Fell wird eine leichte Struktur gegeben, indem man die dunklere Braunmischung mit einem trockenen Pinsel leicht darüber streicht.

1 Hier wird mit Aquarellfarbe gemalt, ohne vorher mit Bleistift vorzuzeichnen. Die groben Konturen werden mit einer stark verdünnten kobaltblauen Farblösung festgelegt, die auch für die Schattierungen benutzt wird. Wenn die erste Farbschicht trocken ist, werden alle farbigen Stellen des Tieres mit einer Mischung aus Kadmiumgelb und Zinnoberrot übermalt, so entstehen auch die im Licht hell schimmernden Stellen im Fell.

2 Der Körper wird mit stärkeren Mischungen aus Lichtem Ocker, Siena gebrannt und Paynesgrau aufgebaut.

Langhaariges Fell mit Aquarellfarbe darstellen

Es ist wichtig, dass man sich der durch Skelett und Muskeln bestimmten Körperform unter dem Fell bewusst ist. Die Körperform wird mit Bleistift oder dünner Farbe umrissen – Ultramarin eignet sich besonders, da es verschwindet, wenn es übermalt wird. In diesem Stadium darf man sich nicht an Details festhalten, denn es besteht die Gefahr, dass man sich dabei verzettelt und später die detaillierten Konturen nur noch „ausmalt". Der hellste Farbton wird aufgetragen und trocknet, dann wird die Form mit den mittleren Tönen überarbeitet. Bei langem Haar sind die Abstufungen zwischen den einzelnen Tönen abrupter, also können die mittleren Töne als fest umrissene Flächen aufgetragen werden, die Übergänge müssen nicht fließend sein. Nach dem Trocknen werden die Schatten und die Details hinzugefügt.

Mit Hilfe der Technik des „trockenen Pinselstrichs" kann man wirkungsvoll lange Haare darstellen. Dazu braucht man raues oder mittelraues Aquarellpapier und einen steiferen Pinsel, wie zum Beispiel einen aus Schweinsborsten für die Ölmalerei. Man beginnt damit, die gesamte Form des Tieres mit einer hellen Farblösung zu grundieren. Dann kann man entweder den mittleren Farbton als Tropfen auf die noch feuchte helle Farbe aufbringen, was bewirkt, dass beide an den Rändern ineinander laufen. Oder man lässt die erste Farbschicht trocknen und trägt dann erst die zweite auf.

Wenn das Ganze trocken ist, mischt man die Farbe, die man mit dem trockenen Pinsel auftragen will, indem man weniger Wasser und mehr Pigmente nimmt. Die Mischung darf aber auch nicht *zu* dick sein. Das Geheimnis dieser Technik besteht darin, den steiferen Pinsel in diese mit wenig Wasser hergestellte Mischung zu tauchen und dann die Farbe größtenteils wieder abzustreichen, damit der Pinsel fast trocken ist. Wenn man diesen Pinsel dann über das Papier zieht, entsteht der Eindruck einer „haarigen" Oberfläche. Man arbeitet in der Richtung, in der das Haar wächst und malt nicht das gesamte Fell im Detail, sondern gestaltet so nur die wichtigen Stellen. Tusche kann ebenfalls eingesetzt werden, um die Wirkung eines Aquarells zu verstärken. Tusche allein ist ebenfalls eine gut geeignete Technik, um Tiere mit langhaarigem Fell zu gestalten.

Oben: Mit der Technik des „trockenen Pinselstrichs" wurden das wuschelige Fell und die Mähne dieses Ponys gestaltet. Heller und mittlerer Farbton wurden aus Lichtem Ocker, Zinnober und Siena gebrannt gemischt. Der dunkle Ton für Nase und Auge entstand aus Antwerpenblau und Umbra gebrannt. Als alles trocken war, wurde ein steifer Borstenpinsel in diese dunkle Mischung getaucht und so weit abgestrichen, dass er fast trocken war. Als damit über das Bild gestrichen wurde, entstand der Effekt vieler langer Haare.

1 Für diese Studie eines kleinen Hundes braucht man raues Papier, Aquarellfarbe und Farbstifte. Man beginnt mit einer 2B-Bleistiftzeichnung, bei der die groben Formen, das Profil und die Wuchsrichtung des Fells grob skizziert werden.

2 Lichter Ocker wird aufgetragen, er wird die hellen Stellen bilden. Die Schattierungen werden mit einem bläulichen Lavendelton gestaltet, der aus Siena gebrannt, Kobaltblau und Krapplack Rosa gemischt wird. Eine Kombination aus warmen und kalten Farben wie hier trägt dazu bei, die Form dreidimensional zu modellieren. Die Augen und die Nase werden mit Blau unterlegt, um bei beiden die Lichtreflexe zu dämpfen.

3 Für die dunkelsten Töne werden Indigo, Französisch-Ultramarin und Siena gebrannt gemischt. Mit Farbstiften werden dann abschließend die Haarsträhnen gestaltet.

Rechts: Dieses zottige kleine Pony wurde mit Bleistift leicht skizziert. Darüber wurde mit Tusche gezeichnet, bei der Nase wurde die Tusche mit dem Finger aufgestippt. Tusche wurde in der Nähe der Füße auf das Papier gespritzt, indem ein alter Pinsel über eine mit Tusche getränkte Zahnbürste strich. Der Hintergrund war dabei mit Papierstückchen abgedeckt.

Oben: Bei diesem Lamm wurde zuerst eine Farbschicht aufgetragen und dann mit einem trockenen Pinsel darüber gearbeitet. Man beachte, wie mit Hilfe der Textur des Fells die Körperform beschrieben wird.

Rechts: Indem nur die linke Seite des Kätzchens fertig gestellt wurde, demonstriert der Künstler, wie das Bild aufgebaut ist. Zuerst wurde eine Schicht Französisch-Ultramarin mit einem Hauch Zinnober aufgetragen (noch sichtbar auf der rechten Seite des Bildes). Links wurden dann die dunklen Stellen des Fells mit einer blauschwarzen Mischung aus Ultramarin und etwas Umbra gebrannt gemalt. Mit Farbstiften wurden die Barthaare und einzelne Haare des Fells gestaltet, die das Licht reflektieren.

Langhaariges Fell mit weicher Pastellkreide darstellen

Textur und Farbe von langhaarigem Fell können wirkungsvoll mit Pastellkreide dargestellt werden.

Weiche Pastellkreiden können sehr feine und zarte Effekte hervorbringen, aber sie können auch stark und kraftvoll malen. Ihre kalkige Oberfläche prädestiniert sie dafür, raue Texturen in leuchtenden Farben wiederzugeben. Auf einem getrockneten Aquarell angewandt kann somit die Textur qualitativ erhöht und damit die Wirkung des Bildes verbessert werden.

Die Wahl der Papierfarbe ist ein wichtiger Faktor. Generell ist zu sagen, dass sich die Komplementärfarbe zur vorherrschenden Farbe des Tieres gut eignet. Das entsprechende Papier kann das Bild farblich aufwerten.

1 Auf Ingrespapier mittleren Farbtons werden die Konturen der Kuh mit weicher Pastellkreide umrissen. Dann wird die Farbe des Hintergrunds angedeutet. Das Bild wird mit Schraffuren aufgebaut, die Palette besteht aus einer begrenzten Anzahl warmer und kalter Farben.

2 Struktur und Farbe des Papiers dürfen durchscheinen. Wo der Rücken der Kuh im Licht leuchtet, wird die Kreide dick und krustig als Impasto aufgetragen. Die hellsten Stellen werden dabei mit einem Cremeweiß gearbeitet, da Reinweiß aufgrund der Sonnenstrahlung, die es warm wirken lässt, kaum vorkommt.

1 Eine helle Lösung von Lichtem Ocker wird auf den gesamten Körper des Tigers bis auf die weißen Stellen aufgetragen, Letztere werden mit Kobaltblau schattiert. Nach dem Trocknen folgt eine stärkere, dunklere Mischung aus Gummigutt und Krapplack Rosa – das ergibt einen weichen Orangeton. Wenn diese Farbschicht noch leicht feucht ist, werden die Streifen mit einer Mischung aus Umbra gebrannt und Französisch-Ultramarin so aufgetragen, dass sie etwas in das Orange hineinfließen und damit sehr weiche Konturen bekommen. Die Streifen müssen perspektivisch wirken und erscheinen an manchen Stellen, als ob sie etwas zurückgesetzt liegen. Das Auge des Tigers blickt wirkungsvoller, wenn man nicht auf den Schatten verzichtet, den das obere Lid wirft. Dieser Schatten verhindert einen starren Blick.

2 Da Farbe und Zeichnung des Fells auch der Tarnung dienen, muss man, damit es auffällt, das Tier vor einen Hintergrund stellen, der eine andere Farbe oder Tönung hat. Dann braucht man das Fell auch nicht so detailliert zu gestalten. Es genügt, das Fell an den Rändern fein darzustellen, dort, wo sich die Körperform von dem Wasser abhebt. So erzielt man den gewünschten Effekt mit einer sparsamen Darstellung.

komplettiert man erst die weißen Stellen, dann die dunkel gezeichneten mit der Farbe des Schattens. Zum Schluss werden die letzten Details ausgearbeitet.

Wenn das Tier ein stark gezeichnetes Fell hat wie ein Leopard oder ein Tiger, achtet man darauf, wie das Muster über den Körper verteilt ist. Fotografische Nahaufnahmen können helfen zu verstehen, was man sieht. Zu beachten ist, dass auch die Zeichnung des Fells der perspektivischen Sichtweise unterliegt.

Einzelheiten sollte man nicht zu sehr betonen, ihre Ausführung nicht übertreiben. Wir sehen die auffallendsten Eigenschaften, das Wesentliche, und nehmen den Rest nur am Rande wahr. Wenn das gesamte Bild detailgenau ausgefeilt ist, wirkt es übermäßig unruhig, das Auge weiß nicht, worauf es sich konzentrieren soll und wird immer wieder abgelenkt. Außerdem wird ein zu detailliert wiedergegebenes Muster flach wirken, unwirklich und tot wie ein Tapetenmuster, nicht wie Teil eines lebendigen Wesens.

ÜBUNG: *Malen Sie ein Tier mit einem stark gezeichneten Fell. Stellen Sie es vor einen hellen oder dunklen Hintergrund, sodass der Hintergrund mit der Fellzeichnung in Kontrast steht. Versuchen Sie immer, ein helles Motiv vor einen dunklen Hintergrund zu stellen und umgekehrt, das gibt den größtmöglichen Kontrast und wirkt am eindrucksvollsten. So stellt man ein Tier mit hellem Fell wirkungsvoller auf einem dunkelgrünen Grund oder vor einem dunklen Schatten dar. Mit Hilfe der Umgebung eines Motivs beschreibt man das Motiv selbst: Ein weißes Huhn würde sich beispielsweise vor einem weißen Hintergrund verlieren, vor einem dunkler getönten Grund dagegen sticht es hervor.*

Die schuppige Reptilienhaut

Wer Reptilien zeichnen und malen möchte, geht hierbei genauso wie bei anderen Tieren vor und arbeitet von Hell nach Dunkel. Wenn sich Licht auf dem Körper widerspiegelt, äußert sich das meist in glänzenden Stellen entlang des Körpers; bei einer Schlange beispielsweise folgen die Lichtreflexe ihren Windungen. Zeichnungen wirken bei Reptilien oft staubig und sind sehr fein in der Farbgebung. Dem Gesicht der Schlange sollte man besonders Augenmerk widmen, speziell den Augen und wie sie im Verhältnis zum Maul angeordnet sind. Das Maul einer Schlange kann sich überraschend weit öffnen, damit sie sehr große Beutestücke verschlingen kann.

Eventuell ist es möglich, eine lebende Schlange zu studieren. In Glasterrarien gehaltene Schlangen geben wunderbare Motive ab, besonders, wenn sie bei niedrigen Temperaturen träge und regungslos sind. Man kann so Stunden mit dem Zeichnen einer Schlange verbringen, sie wird sich kaum bewegen, außer ab und an zu züngeln. Wer Angst vor Schlangen hat, mag ein solches Erlebnis vielleicht kathartisch als seelisch befreiend empfinden.

Unten: Es ist nicht notwendig, alle Schuppen einzeln darzustellen. Es genügt, diejenigen zu zeichnen, die am auffälligsten sind, die restlichen werden angedeutet. Man arbeitet von Hell nach Dunkel. Beim Zeichnen der mittleren Töne lässt man die Lichtreflexionen aus und fügt zum Schluss die dunkelsten Töne hinzu.

Das Federkleid der Vögel

Vögel haben an den verschiedenen Stellen ihres Körpers unterschiedliche Federn, aber alle sind in komplexen Mustern angeordnet. Manche Federn wie die Daunenfedern an der Brust halten den Vogel warm, andere wiederum unterstützen das Fliegen oder Gleiten. Federn sind wie Dachziegel übereinander angeordnet, sie überlappen einander und bilden so eine glatte Oberfläche, an der Wasser leicht ablaufen kann.

Federn bildlich wiederzugeben ähnelt in etwa dem Darstellen von kurzhaarigem Fell: sie bilden eine glatte Oberfläche, die das Licht in weichen Umrissen reflektiert. Vögel besitzen oft ein stark gemustertes oder farbenfreudiges Federkleid, man darf sich aber nicht der irrigen Meinung hingeben, dass eine akribische Darstellung der Einzelheiten ein gutes Bild hervorbringt. Wenn man sich lediglich auf das Muster der Federn konzentriert, wirkt die Darstellung flach und leblos. Stattdessen konzentriert man sich besser auf die gesamte Körperform und das damit zusammenhängende Spiel von Licht und Schatten und fügt dann erst die Zeichnung des Federkleids hinzu, wenn überhaupt notwendig.

Oben: Eine einfache Bleistiftskizze, die die Federn auf dem Flügel eines Vogels zeigt.

1 Die Konturen der Dohle werden leicht angedeutet, indem man die Form eines leicht gekippten Eis zu Grunde legt.

2 Mit Zeichenkohle wird der Streichrichtung der Federn folgend gezeichnet. Um zartere Abstufungen zu erzielen, wischt man mit einem Modellierwerkzeug oder einem spitz zulaufenden Knetgummi leicht darüber. Die dunklen Stellen werden mit festen Strichen gezeichnet, das Auge mit weißer Pastellkreide hervorgehoben.

Rechts: Farbstifte bewirken die zarte Textur dieses Buchfinks. Der Vogel wirkt zart, seine Federn ganz leicht. Das ausgeprägte Muster des Flügels trägt dazu bei, dem Bild Form zu verleihen.

Links: Diese Drossel wurde mit trockenen Farbstiften auf einem leicht rauen Papier gestaltet. Das Papier bewirkt eine körnige Textur, dadurch hat man den Eindruck, das Federkleid sei leicht und zart. Die runde Körperform wird dadurch betont, dass sich der Farbton der Tupfen auf dem Gefieder entsprechend ändert.

Links: Wenn man mit Filzstiften zeichnet, kann man nichts verwischen oder kaschieren, man muss sehr entschlossen vorgehen. Hier wurden Filzstifte eingesetzt, um das Gefieder von Geflügel lebhaft und dynamisch wiederzugeben.

Rechts: Dieses leuchtend bunte Rotkehlchen wurde mit Aquarellfarbe gemalt, die Details der Federn wurden mit Bleistift gestaltet.

ÜBUNG: *Zeichnen Sie Skizzen und malen Sie Studien von Vögeln und anderen Tieren, indem Sie nur eine neutrale Farbe einsetzen und die Schattierungen und die Oberflächenstruktur mit verschiedenen Abstufungen dieser Farbe gestalten.*

Oben und rechts: Diese Eule wurde mit Gouache gemalt, einer deckenden Wasserfarbe. Zuerst wurde die Silhouette mit schwarzer wasserfester Tinte ausgemalt. Dann wurde mit Hilfe eines mittelgroßen Fehhaarpinsels die dick angerührte Gouachefarbe aufgetragen, wobei der Pinsel immer wieder angehoben wurde, um die faserige Textur des Federkleids zu gestalten.

Links: Bei dieser schnell gemalten Aquarellskizze einer Glucke wurde die Textur des Gefieders mit resoluten Pinselstrichen gestaltet.

KAPITEL 4

Bewegungen einfangen

Der wichtigste Aspekt bei der künstlerischen Darstellung von Tieren ist ein Gefühl von Leben und von Bewegung zu vermitteln, denn gerade dies gibt dem Tier seine Einzigartigkeit, seine Schönheit, seinen Charakter: Ein Bild muss das Wesen dieses Tiers erfassen, vor allem aber muss es das Tier lebendig erscheinen lassen. Und das ist außerordentlich schwierig zu meistern. Diese Lebendigkeit wird man nicht erreichen, wenn man jedes Haar, jedes Schnurrhaar, jede Feder malt – sie ist viel schwerer fassbar als solch „statische" Details. Wie nun also geht man an die Sache heran?

BEOBACHTUNG

Wenn man Bewegung und Lebendigkeit darstellen will, muss man erst einmal beobachten – das Beobachten ist der wichtigste Faktor bei jeglichem Zeichnen und Malen, ganz besonders aber, wenn Tiere im Spiel sind. Verbringen Sie viel Zeit damit dem Tier zuzusehen, auch wenn Sie die Ungeduld plagt, weil Sie mit der Zeichnung nicht so recht vorankommen. Wie bewegt sich das Tier, in welcher Haltung ruht es sich meist aus? Welchen Charakter hat es – ist es draufgängerisch und wild oder zurückhaltend und scheu? Ein Kaninchen ist beispielsweise ein ängstliches Wesen, dessen Chance zu überleben darin besteht, schneller als sein Feind zu sein, seine typische Haltung ist ein fluchtbereites Kauern, immer auf der Hut, immer auf dem Sprung – diese Haltung scheint seinen Charakter zu symbolisieren. Demgegenüber ist eine Kuh ein Tier, das sich recht wenig bewegt: Wenn sie nicht grast, steht oder liegt sie einfach da und käut geruhsam wieder, das widerspiegelt ihren Charakter.

Man sollte alles, was man über ein Tier weiß, in Betracht ziehen. Bewegt es sich anmutig, behände, flink, ist es leicht erregbar, ist es gutmütig, bewegt es sich langsam, tapsig? Versetzen Sie sich in das Tier, springen und laufen Sie – solange Sie es sich nur vorstellen, ist es gar nicht so lächerlich, wie es klingt. So werden Sie in der Lage sein, zur Persönlichkeit, zum Wesen des Tieres vorzudringen. Es ist ähnlich wie bei Schauspielern, die in eine Rolle schlüpfen. Das macht es möglich, den Charakter und die Lebendigkeit des Objekts einzufangen, sodass das Ergebnis mehr ist als ein bloßes Aufzeichnen dessen, was man sieht.

Es ist leichter ein Tier darzustellen, das man mag, dann bringt man ein gewisses Einfühlungsvermögen mit. Aber es sei davor gewarnt, zu emotional an die Sache heranzugehen. Durch Objektivitätsverlust entsteht womöglich ein sentimentales, kitschiges Bild. Solange man unvoreingenommen die Individualität des Tiers respektiert, wird es durch das Bild „sprechen", eine ehrliche Darstellung wird dem Betrachter mehr erzählen als ein verniedlichtes

Wenn sie nicht grasen oder stillstehen, sieht man Rinder oft in liegender Haltung. Der eine oder andere junge Ochse mag verspielt sein, aber sonst sind Rinder doch eher ruhige Tiere, die sich wenig bewegen. Auf einem Landschaftsbild vermitteln sie Ruhe und Frieden. Und sie passen gut zu einer Abendstimmung mit untergehender Sonne.

Kuscheltier. Wenn der Künstler andererseits zwischen dem dargestellten Tier und dem Betrachter steht, sagt das Bild zu wenig über das Tier und zu viel über den Maler aus. Wer vor diesen Stolpersteinen auf der Hut ist, wird gut recherchierte, überzeugende, ehrliche Bilder hervorbringen.

Welcher Art sind die Linien des Tieres, das man malen will – sind es weiche, anmutige Linien wie bei einem Kaninchen oder harte, kantige wie bei einer Ziege? Oder vereint das Tier beides in sich, wenn ja, wo sind die Linien weich, wo hart? Wer nach diesen Eigenschaften sucht und sie im Bild wiedergibt, schafft ausdrucksstarke Arbeiten.

Manchmal muss man vereinfachen und übertreiben, um eine bestimmte Wirkung zu erzielen.

Unten: Pflanzenfresser verbringen die meiste Zeit mit Grasen, ein typisches Haltungsmerkmal ist also der gesenkte Kopf. Hier ist zu beachten, dass sich Nasenspitze und Füße auf gleicher Ebene befinden!

Rechts: Kaninchen nehmen oft diese lauernde Haltung an, bereit davonzuhoppeln. Sie sind scheue, defensive Tiere, deren Verteidigung darin besteht, schneller als der Feind zu sein. Versuchen Sie die typische Haltung des Tieres zu zeichnen – sie steht für seinen Charakter.

Das visuelle Gedächtnis trainieren

Nur wenige Tiere bleiben lange genug in ein und derselben Haltung, um diese zu erfassen. Was also tun, wo fängt man an? Die Fähigkeit zu vereinfachen und die wesentlichen, am deutlichsten wahrnehmbaren Linien zu erkennen ist unerlässlich, will man eine Impression vom Tier schnell festhalten.

Eine Methode ist, das Tier erst einige Minuten in seiner Bewegung zu beobachten, bevor man zeichnet. Schließen Sie die Augen, öffnen Sie sie schnell, schließen Sie sie wieder. Nun versuchen Sie sich an das zu erinnern, was Sie in dem Moment an Bewegung sahen. Denn genau das ist es, was festgehalten werden muss: was im Gedächtnis hängen bleibt, sind die wesentlichen, am deutlichsten sichtbaren Eigenschaften, sei es nun die kräftige und anmutige Rückenlinie eines Hirsches oder das aufgeregte Watscheln eines großen, dicken Schweins. Üben Sie diese Technik an Landschaften, Menschen, Gebäuden und Blumen.

Joseph Crawhall (1861–1913), einer der als „Glasgow Boys" bekannten Avantgarde-Maler, schaute sein Motiv eine Stunde lang an, dann ging er weg und zeichnete es. Er hat sich selbst gezwungen, sein Objekt so intensiv zu betrachten, dass er es aus dem Gedächtnis zeichnen konnte. Es ist nicht einfach, aber wer dieses intensive Hinsehen übt und erst beobachtet, dann zeichnet, wird feststellen, dass sich seine Beobachtungsfähigkeit ebenso immens verbessert wie seine Fähigkeit, etwas zeichnerisch darzustellen.

Rechts: Expressive Linien geben einer Form Schwung und Anmut. Betrachten Sie das Tier und versuchen Sie zu ergründen, wo Kurvenlinien und wo kantige Linien verlaufen. Bei der jungen Ziege folgen die Linien der aufmerksamen, witternden Haltung des Körpers und haben ihren Ursprung in der Stelle, wo das Gewicht lagert, oberhalb der Vorderbeine. Vor der Schulter beschreibt der Hals eine Sinuskurve, das Rückgrat führt diese hinter der Schulter weiter. Der Kopf ist leicht gesenkt, dadurch erhebt sich das Schulterblatt über das Rückgrat. Spannung entsteht auch durch die gestreckten Beine, da sich das Tier äugend nach vorn streckt.

Bei diesem Schwein sind viele Kurvenlinien zu erkennen – wenn man diese dominanten Linien erfasst, erfasst man den Charakter des Tieres. Manche Schweine haben große Ohren, die nach vorn stehen und beim Laufen flattern. Versuchen Sie, dieses Flattern darzustellen!

Rechts: Dieser Hund hat sich gewälzt, als der Künstler ihn zeichnen wollte. Das Einzige, was mit Bestimmtheit auszumachen war, waren Ohren und Pfoten. Bei der Gestaltung des restlichen Körpers folgte der Künstler den Schwüngen und Bögen der Haare, dadurch ergab sich die Form.

Übung: *Um die dominanten Linien eines Objekts zu identifizieren, schauen Sie das Tier an, schließen Sie die Augen, öffnen Sie sie und schließen Sie sie nach einer Sekunde wieder. Was Sie in dieser Sekunde sehen sind die wichtigsten und dominanten Linien, welche die Haltung dieses Tieres definieren. Versuchen Sie diese so schnell wie möglich festzuhalten. Mit Hilfe dieser Technik wurde das Reh (links) mit ein paar wenigen ausdrucksvollen Linien dargestellt. Verwischte Töne verleihen dem Tier Körperlichkeit.*

Rechts: Dieser Hund war ein recht lebendiges Wesen und hielt so gut wie nie still. Er wirkte wie eine einzige sich ständig bewegende Masse, mit wedelndem Schwanz und zappelndem Rücken. Der Künstler versuchte ihn durch eine Reihe von Wellenlinien, mit weichem Bleistift gezeichnet, aufs Papier zu bannen.

Oben: Eadweard Muybridge (1830–1904) wandte die Phasenfotografie an, um die Bewegungsabläufe bei Tieren wissenschaftlich zu ergründen. Fotos helfen, Bewegungen genau einzufangen, sollten aber ansonsten mit Vorsicht bedacht werden.

FOTOGRAFIEREN

Vor der Erfindung der Fotografie waren die Künstler auf das Beobachten mit eigenen Augen angewiesen, dessen Ergebnis sie dann in bildliche Darstellungen umwandelten.

Wie ein Tier abgebildet wurde, hing davon ab, welchen Platz es in der Kultur der jeweiligen Epoche einnahm. Bei den prähistorischen Höhlenmalereien im französischen Lascaux wurden Tiere im Lauf mit einer solchen Kraft und Lebendigkeit dargestellt, der man leider in den darauf folgenden Epochen verlustig ging. Die Höhlenmaler von Lascaux jagten diese Tiere vermutlich und mussten sie deshalb genau beobachten – dieses Vertrautsein mit dem Objekt gab den Malereien so viel Leben.

Im 18. und frühen 19. Jh. malten Künstler „fliegende" Pferde mit allen vier Beinen seltsam ausgestreckt. So wollten sie vermutlich die leichtfüßigen Schritte des preisgekrönten Rennpferdes ihres Gönners oder die Schnelligkeit eines Gespanns illustrieren.

Erst mit den durch Eadweard Muybridge (1830–1904) eingeführten Phasenfotografien verstand man die Bewegungsabläufe bei Pferden wirklich. Seine Arbeiten zeigen, dass bei Kanter und Galopp Pferde ihre Beine zusammenziehen und dass an einem Punkt des Bewegungsablaufs tatsächlich alle vier Füße die Bodenberührung verlieren, allerdings sieht das völlig anders aus, als es sich die Künstler vor Muybridge vorgestellt hatten.

Heutzutage gibt es eine große Auswahl an Kameras und Filmen, mit deren Hilfe einzelne Momente einer Bewegung aufgezeichnet werden können, um sie dauerhaft zu konservieren und an ihnen die Form und die Merkmale eines sich bewegenden Tieres zu studieren.

Aufzeichnungen per Videokamera können als Informationsfundus fungieren – man kann das Video mit einem bestimmten Bewegungsablauf so oft zurückspulen, wie man will, und sich dabei mit den Gewohnheiten und Bewegungen des Tiers vertraut machen. Das Band kann auch während einer bestimmten Bewegungsphase gestoppt werden, um in aller Ruhe zu zeichnen.

Ein Fotoapparat eignet sich für Schnappschüsse des jeweiligen Tieres. Eine ganze Serie von Fotos, während verschiedener Phasen der Bewegung von verschiedenen Punkten aus, von Nahem und aus weiter Entfernung geschossen, stellt gutes Informationsmaterial dar, mit dessen Hilfe man die Bewegungen des Tieres verstehen lernt.

Man sollte annehmen, dass den Künstlern seit der Erfindung der Fotografie das Arbeiten leichter fällt, die Ergebnisse genauer ausfallen, aber wenn der Maler blind von dem Foto abmalt, entstehen erst recht Probleme, da die Informationen, die nicht auf dem Foto zu sehen sind, fehlen. Es gilt also vorsichtig zu sein, da Fotos auch in die Irre führen können. Bei fotografischen Darstellungen kann die Perspektive verzerrt, die räumliche Tiefe verflacht sein, ein Foto vermittelt nicht die zarten Tonänderungen, die das menschliche Auge sieht, und hat mitunter einen Farbstich (Diafilm ist in dieser Hinsicht verlässlicher als Negativfilm für Farb-Papierbilder).

Als Quelle von Hintergrundinformationen sind Fotos dagegen außerordentlich nützlich, aber immer nur in Verbindung mit Skizzen und Beobachtungen am lebenden Objekt. Fotografien geben mitunter auch überraschende Anregungen hinsichtlich der Bildkomposition.

Die Körperform

Die Darstellung der Körperform eines Tieres in Verbindung mit seinem Charakter, seiner Haltung oder einer schnellen Bewegung kann eine große Herausforderung sein, aber die Lösung liegt in der weiter vorn besprochenen Vereinfachung dessen, was man sieht. Im Kapitel 2 wurden Methoden erörtert, das Gesehene auf einfache geometrische Formen zu reduzieren. Eine sitzende Katze kann man zum Beispiel leicht (und schnell) mit Hilfe einer Reihe von Dreiecken skizzieren. Wer eine Zeichnung so beginnt, hat einen guten „Aufhänger" für die Körperform – das ist ideal, wenn man zum Einfangen einer Pose nicht viel Zeit hat.

Anatomiekenntnisse sind unerlässlich, wenn man Körperform und Bewegungen eines Tieres verstehen will – dies wurde ebenfalls im Kapitel 2 besprochen. Selbst ein rudimentäres Wissen dessen, was sich unter der Haut abspielt, wird eine Zeichnung verbessern. Beim Darstellen von Bewegung muss man verstehen, wie die Gliedmaßen funktionieren. Die Verbindung der einzelnen Körperteile wird durch die Stellung der drei großen Trennlinien zueinander ermittelt. Das sorgsame Beobachten dieser wichtigen Linien befähigt den Künstler, die Haltung des Tieres schnell und genau zu erfassen. Dies hilft besonders, wenn man Tiere im Freien skizziert, während sie sich bewegen.

Oben: Um schnell und genau zu zeichnen, reduziert man das Tier auf eine Reihe von einfachen geometrischen Formen. Mit dieser Methode wird man die Körperformen sich bewegender Tiere leichter erfassen. Diese Hilfslinien können später wegradiert werden.

Unten: Welche Haltung das Tier auch einnimmt – von einer Sicht direkt von vorn oder hinten einmal abgesehen – die drei großen Trennlinien sind immer sichtbar, selbst im Liegen. Diese Kurvenlinien sollten bereits im Frühstadium der Zeichnung angedeutet werden.

Eine Pose einfangen

Es gibt ein paar praktische Tipps, die beim Arbeiten im Freien, am lebenden Objekt, hilfreich sind. Benutzen Sie einen großen Zeichenblock. Beginnen Sie das Tier zu zeichnen. Sobald es sich bewegt, beginnen Sie erneut – machen Sie so viele Skizzen, bis das Blatt voll ist. Letztendlich wird das Tier (oder möglicherweise ein anderes) jede der Posen wieder einnehmen, die begonnenen Posen können weitergeführt werden, schließlich hält man ein Blatt in den Händen, auf dem das Tier in verschiedenen Stellungen skizziert ist. Unweigerlich werden einige besser sein, andere schlechter, aber das ist normal. Berufsfotografen arbeiten ähnlich, sie verknipsen ganze Filme mit ein und demselben Objekt in verschiedenen Stellungen und wählen dann nur die Besten aus, um sie zu vergrößern.

Eine Schafherde ist perfekt geeignet, um eine ganze Reihe von Zeichnungen verschiedener Posen auf ein Blatt Papier zu bringen. Zeichnen Sie mit Bleistift oder Feder und arbeiten Sie schnell und resolut, indem Sie die dominanten Linien der jeweiligen Pose erfassen oder große Schattierungen grob andeuten.

Wenn Haustiere „Modell sitzen"

Ein Haustier ist ein geeignetes Motiv, dabei gibt es allerdings einiges zu beachten. Zeichnen Sie Ihr Haustier beispielsweise nicht nach seiner Hauptmahlzeit, wenn es wahrscheinlich schlafen will, es sei denn, Sie wollen ein schläfriges Tier darstellen – für Bewegungsstudien ist es nutzlos. Es ist oft schwierig neutraler Beobachter seines eigenen Tieres zu sein, da es vermutlich spielen und untersuchen will, was man macht. Hier können Sie versuchen ihm etwas Interessanteres zum Spielen anzubieten, die Anwesenheit einer weiteren Person könnte die Aufmerksamkeit des Tieres von Ihnen ablenken. Manchmal hilft es, wenn der Fernseher läuft – es soll Katzen geben, die für ihr Leben gern Fußball schauen! Setzen Sie sich nicht zu nahe, etwa zwei Meter sind die richtige Entfernung, um Ihr Tier zu beobachten.
Achten Sie auf die Beleuchtung, das Licht sollte deutlich aus einer Richtung kommen; Licht und Schatten werden Ihnen helfen, die Form des Tieres zu erkennen. Beginnen Sie mit einem Skizzenblatt, auf dem Sie erst einmal mit der Körperform vertraut werden und verschiedene Posen ausprobieren können. Wenn ein Bild daraus werden soll, fotografieren Sie das Tier in der gewählten Pose. Solche Fotos sind hilfreiche Gedankenstützen für Ihre Zeichnungen.

Oben: Das ist der Kater Guy. Er liebt Fußball im Fernsehen, was ihn eine Weile stillsitzen lässt, während der Künstler ihn auf Papier festhält. Der Rücken eines Tieres kann ebenso ausdrucksstark und interessant sein wie seine Vorderfront. Diese Studie wurde in der Nass-in-Nass-Technik auf mittelrauem Papier gemalt.

Unten: Kätzchen halten selten still, es sei denn, sie schlafen, aber dieses große weiche Spielzeug hielt Guy einige Minuten fest, bevor er entschied, dass er genug davon hatte. Wenn Sie schnell zeichnen, versuchen Sie, nicht zu oft auf die Zeichnung zu sehen, sondern übertragen Sie, was Sie sehen, aufs Papier, ohne die Augen vom Objekt zu nehmen. Es mag abwegig klingen, funktioniert aber mit etwas Übung!

Die Persönlichkeit eines Tieres charakterisieren

Überraschenderweise sind es nicht detailliert ausgearbeitete Augen, Nase und Maul, die die Ähnlichkeit eines Tieres oder Menschen mit seinem Porträt ausmachen, sondern die Art und Weise, wie das Licht auf bestimmte Körperteile fällt und wie Knochen und anderes Gewebe Schatten werfen (siehe Kapitel 2, Selbstsicherheit und Routine entwickeln, zur Darstellung von Augen, Ohren, Nase und Maul). Nur beim Darstellen von Tieren aus nächster Nähe müssen die Augen genau wiedergegeben werden. Die Augen sind die dunkelsten Stellen im Gesicht, selbst bei einem schwarzen Tier, und der ausdrucksstärkste Teil der von Nahem betrachteten Gesichtszüge.

Rechts: Der Knochenbau und die Form des Schädels werden die Persönlichkeit des Tieres eher charakterisieren als die Gesichtszüge. Nur die Augen als ausdrucksstärkster Teil des Gesichts sind ebenfalls an der Charakterisierung stark beteiligt, sie sollten deshalb genauestens studiert werden. Ziegen und Schafe haben seitlich liegende Pupillen, was ihnen ein seltsam neugieriges Aussehen gibt.

Oben: Rinder haben große, glänzende Augen, die von faltiger Haut umgeben sind. Diese Kurvenlinien der Hautfalten geben ihrem Gesicht einen trägen und schläfrigen Ausdruck.

Links: Diese Katze schaute nachdenklich, und ihre Augen sind ganz besonders ausdrucksstark, da sie sich vom dunklen Fell farblich stark abheben. Die Pupillen sollten auf jeden Fall im dunkelsten Farbton gemalt werden, selbst bei einem schwarzen Tier.

Expressive Linien und Pinselstriche

Bei der Darstellung von Bewegung sollte man so wenige Linien wie möglich zeichnen: durch genaues Betrachten erkennt man die wichtigen Linien, die die Bewegung beschreiben. Die findet man oft an den drei großen Trennlinien. Auch die Haltung von Kopf und Hals ist wichtig, da jede Art eine eigene charakteristische Kopfstellung entwickelt hat. Ein Pferd hat beispielsweise einen leicht gebogenen Hals, schmal und hoch im Schnitt, der Kopf sitzt im Winkel dazu. Wenn sich das Tier dem Betrachter zuwendet und somit der Körper perspektivisch verkürzt ist, muss die Stellung des Kopfes im Verhältnis zum Körper genau beobachtet werden. Ein Schwein hat einen eher kurzen, fleischigen Hals, sein Kopf macht den Eindruck, als wäre er direkt aufgesetzt worden und mit einem Ruck eingerastet.

Versuchen Sie dem Tier mit so wenigen Linien oder Strichen wie möglich Form zu geben – so werden Sie einen Eindruck von Leben und Bewegung erzeugen. Überladen Sie die Zeichnung nicht mit Schattierungen und Farbe, da das dem Objekt die Lebendigkeit nimmt.

Oben: Manchmal können Studien als vollendete Arbeiten angesehen werden, da sie ein Gefühl von Charakter und Lebendigkeit vermitteln. Diese Spontanität könnte verloren gehen, wenn der Künstler weiter an der Studie arbeitet.

Oben: Wenn mit Hilfe von Linien nur bestimmte Teile der Körperform betont werden, kann man die Zeichnung auf das Wesentliche reduzieren wie bei dieser Studie eines Pudels.

Oben und links: Schnell hingeworfene, gekritzelte Striche und Linien erlauben es mit hoher Geschwindigkeit zu skizzieren. So wirkt das Objekt lebendig, was wiederum den Künstler zum weiteren schnellen Zeichnen ermutigt um Posen einzufangen.

Tiere in Bewegung

Wer ein sich bewegendes Tier vor Ort skizziert, muss alle Merkmale schnell zu Papier bringen. Durch flächiges Kritzeln und Schraffieren kann man Schatten und dunklere Farbtöne andeuten. Die Linien sollten der Wuchsrichtung des Fells folgen – das gibt der Zeichnung Kraft, Schwung und Bewegung.

Eine weitere geeignete Methode besteht darin, das Tier zu zeichnen, und, sobald es sich bewegt hat, die neue Stellung darüber zu zeichnen, die ersten Linien aber beizubehalten. Das erzeugt einen unmittelbaren Eindruck von Bewegung. Die vielen Linien wirken vielleicht etwas verwirrend, aber das Bild wird vor Lebendigkeit sprühen.

Versuchen Sie den Rhythmus der Bewegungen zu erkennen, der sich von der Art und Weise ableitet, wie die Füße sich in Folge bewegen. Achten Sie zum Beispiel darauf, wie der Kopf eines Pferdes beim Gehen nickt – dieses Nicken wird durch die Bewegung von Schultern und Hals hervorgerufen, die wiederum durch die Bewegung der Beine entsteht.

Oben und unten: Zeichnen Sie jede Bewegung des Tieres immer wieder auf die alte Zeichnung – das Resultat wird lebendig und unmittelbar sein.

Rechts: Bei dieser Darstellung von Pferd und Reiter wird ein Gefühl der Geschwindigkeit durch die mit weicher Pastellkreide schraffierten Linien vermittelt (man beachte, dass es sich um eine „linkshändige" Schraffur handelt). Die Zeichnung vermittelt außerdem stark den Eindruck gerichteter Bewegung. Die Hinterbeine sind nur mit ein paar Strichen angedeutet, Mähne und Schwanz fliegen im Winde.

Das kritzelnd gezeichnete Pferd mit Reiter drückt Kraft und Energie aus. Durch die Andeutung einer bewegten Wasseroberfläche, die beim Durchwaten entsteht, wird ein aktionsreicher Eindruck vermittelt.

Ob nun linear oder mit Farbe gearbeitet wird, man muss immer entscheiden, was betont werden soll. Das wird detailliert dargestellt, der Rest des Bildes weniger. In der Abbildung wurde mit Fasermalern skizziert. Der Künstler entschied, dass das Pferd und die außergewöhnliche Beinbewegung beim Traben mehr Aufmerksamkeit verdienen als der Rest seines Körpers oder der Fahrer. So wurde die Bewegung betont und ein Gefühl von Schnelligkeit vermittelt. In natura würde man ein durch die Geschwindigkeit verschwommenes Bild wahrnehmen.

Übung: *Zeichnen Sie Tiere bei Fernsehübertragungen von Pferderennen o. Ä. – eine ausgezeichnete Methode, Ihr visuelles Gedächtnis zu trainieren und Bewegungen darzustellen. Falls ein Videorecorder zur Hand ist, nutzen Sie die Funktion „Standbild", um bei Tier- und Naturfilmen die Posen der Tiere festzuhalten.*

Tipp: Ränder – „Gesucht und gefunden"
Gestalten Sie die Ränder unterschiedlich, wenn Sie Bewegungen malen – Ränder, die sich in der Farbe der Umgebung verlieren („gesucht") und Ränder, die klar abgesetzt und emphatisch sind („gefunden"). Die Kombination von beiden erweckt den Eindruck von Bewegung.

Vögel in Bewegung

Vögel im Flug darzustellen erfordert dieselben Kenntnisse und Fertigkeiten, die man auch für das Zeichnen anderer sich bewegender Tiere benötigt. Das Beobachten ist selbstverständlich sehr wichtig, schauen Sie also frei lebenden Vögeln so oft wie möglich beim Fliegen zu (ein Fernglas erweist sich hierbei als nützlich). Die Silhouette eines Vogels hebt sich oft dunkel gegen den Himmel ab. Diese Flugsilhouetten sollte man unterscheiden und die typischen Flugmuster der verschiedenen Vögel erkennen lernen. Vogelkundebücher bieten reichlich Informationen, die für den Künstler von Wert sind, sie enthalten auch Flugsilhouetten zur Bestimmung sowie Informationen zu Lebensräumen.

Anatomiestudien sind auch bei Vögeln hilfreich. Im Käfig gehaltene Vögel oder Hausgeflügel, das am Boden lebt und nicht wegfliegen kann, geben dem Künstler Möglichkeiten, die Tiere aus nächster Nähe zu studieren.

Oben: Es hilft beim Zeichnen und Malen von Vögeln, mit ihren Flugsilhouetten vertraut zu sein. Da sich Vögel im Flug meist dunkel gegen den Himmel abheben, ist ihre Form deutlich erkennbar.

Größere Vögel wie Schwäne oder Truthähne eignen sich gut für Neulinge beim Zeichnen und Malen, da ihre Bewegungen langsamer erscheinen als die von kleineren Vögeln. Somit sind sie leichter zu beobachten und man hat mehr Zeit zum Skizzieren einer Pose.

Der Vogel als Haustier kann ein ausgezeichnetes Modell abgeben. Während er auf einer Stange sitzt, kann man ihn leicht beobachten und üben, bevor man seine wild lebenden Verwandten zu porträtieren versucht. Mit einer hellen Farbschicht erfasst man die Grundform des Vogels, Details werden mit weiteren Farbschichten gestaltet.

Aquarellfarbe ist bestens geeignet, um den leichten, weichwolligen Charakter und die entsprechende Textur dieses entzückenden kleinen Kükens einzufangen. Der erste, die Körperform ausfüllende Farbauftrag überwiegt; weitere, nur zart dunkler werdende Schichten wurden verhalten aufgebracht.

KAPITEL 5

Bilder komponieren

Bevor man überhaupt anfängt ein Bild zu malen, muss man vieles bedenken und sich vor allem die Frage stellen: „Warum will ich dieses Bild malen?" Die Antwort liefert den Kern des Bildes, um den herum sich alle Aspekte der Bildkomposition aufbauen. Diese „Urinspiration" sollte man sich immer wieder vor Augen führen. Durch das Arrangement, die Orchesterbearbeitung der einfachen Melodie wird das Thema getragen und erweitert. Bildaufbau und Farbe tragen den Gedanken der Urinspiration und bewirken so ein in sich geschlossenes Bild, das den Betrachter bewegt, ihn im Innersten berührt.

Man muss dabei als Künstler keine großartige, weltbewegende Aussage treffen. Ein Tierporträt mag die körperliche Schönheit und die Eleganz, mit der das Tier sich bewegt, in den Vordergrund stellen, ein anderes die Kraft und die Energie, die das Tier ausstrahlt. Vielleicht will man den Blick des Betrachters auf die Anmut und die Kraft zweier rennender Hunde lenken oder die stille Freude teilen, die einen beim Anblick friedlich grasender Rinder in einer Weidelandschaft überkommt. Was immer auch das Motiv sein mag, welche Inspiration auch zu Grunde liegt – es geht darum, diese bildlich umzusetzen.

Dieses Kapitel befasst sich mit den Methoden der Vorbereitung und der Komposition von Aquarellen. Es beginnt immer damit, dass man Tiere beobachtet, studiert, skizziert. Dann muss ein Motiv und ein Thema gefunden werden. Daraufhin plant man den Aufbau des Bildes. Das Planen, das „Komponieren" des Bildes wird manchmal in der Eile übersehen – man stürzt sich voll Enthusiasmus in die Darstellung eines Motivs oder man experimentiert mit einer Technik. Doch üppige, aufwändige Pinselarbeit oder minutiös wiedergegebene Details machen noch nicht unbedingt ein gutes Gemälde aus, viele technisch vollendete Bilder haben kein „Herz".

Eine schlechte oder gar keine Planung hat mehr Bilder verdorben als schlechte Malerei an sich. Jemand mag den Kopf eines Hundes hervorragend darstellen, aber wenn er sich zu nah am unteren Rand des Bildes befindet, wird es aussehen, als „falle" er aus dem Bild „heraus" – eine recht unbefriedigende Wirkung! Diese Art von Problem kann durch etwas Voraussicht und durch ein paar schnelle kleine, „über den Daumen gepeilte" Skizzen umgangen werden: winzige Bleistiftskizzen, in denen man Proportionen, Anordnung und das Verhältnis tonaler Abstufungen ausprobieren kann, bis man das für das jeweilige Motiv am besten geeignete Arrangement gefunden hat. Sie sind in wenigen Sekunden gezeichnet, und je mehr Probleme man auf diese Weise lösen kann, bevor man mit dem Bild beginnt, umso leichter wird es später sein, umso mehr Freude wird man an der Arbeit haben, ganz zu schweigen von der Aussicht, ein gutes Bild zu malen.

Es gibt ein paar traditionelle Hilfsmittel für die Bildkomposition, die nachweislich angewandt werden und funktionieren. Während Sie arbeiten, werden Sie für sich selbst entscheiden, welche dieser Methoden Sie bei welchem Motiv am besten anwenden.

TIPP: *Ein aus einem kleinen Stück Karton gebastelter „Sucher" ist ein unschätzbares Hilfsmittel, wenn man „auf der Suche" nach dem richtigen Bildaufbau ist. Er funktioniert genauso wie der Sucher einer Kamera. Je näher man ihn ans Auge hält, desto mehr sieht man, je weiter man ihn von sich weghält, umso kleiner ist der Bildausschnitt. Er kann bei der Entscheidung helfen, welchen Teil einer Szene man ins Bild bringen will. Mittige Markierungen an den Seitenrändern des Ausschnitts oder Gummibänder bilden eine Art Gitternetz. Sie zeichnen ein dem „Sucher" entsprechendes Rechteck auf Ihr Arbeitsblatt und kennzeichnen anhand der Gitternetzlinien Bezugspunkte. So entsteht eine genaue Zeichnung.*

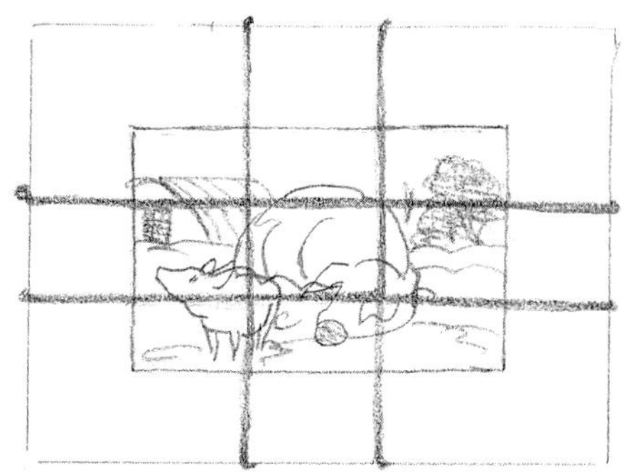

Bevor Sie zu malen beginnen, experimentieren Sie mit verschiedenen Möglichkeiten des Bildaufbaus anhand von kleinen „über den Daumen gepeilten“ Skizzen. Probieren Sie verschiedene Positionen des Objekts im Bild aus und erforschen Sie die Wirkung von Quer- und Hochformat. Entscheiden Sie, was Sie integrieren und was Sie weglassen möchten und bedenken Sie, wie Sie Farben und Töne verteilen wollen.

Die Straße lenkt das Auge zu Gänsen und Haus im Brennpunkt des Bildes. Das Bild erhält dadurch eine perspektivisch-räumliche Tiefe, dass der Vordergrund dunkler gehalten ist als die angestrahlte mittlere Ebene; weiter hinten wechseln sich Licht und Schatten ab. Das Wechselspiel von warmen und kalten Farben trägt zur Atmosphäre bei und zum Gefühl für Entfernung und Nähe.

Tipps und Kniffe – und was man vermeiden sollte

Es gibt einige allgemein anerkannte Regeln für den Bildaufbau, die hilfreich sein können – aber Regeln kann man auch brechen! Sobald Sie sich für ein Motiv entschieden haben, müssen Sie weiterhin entscheiden, wie Sie die verschiedenen Elemente auf dem Bild platzieren und anordnen wollen. Ein „Sucher" ist praktisch, um den besten Blick auf das Motiv auszuwählen. So können Sie einen Teil der Gesamtszene isolieren und entscheiden, wie viel oder wie wenig Sie davon darstellen wollen. Probieren Sie verschiedene Darstellungsideen anhand von kleinen Skizzen aus. Mit jedem einzelnen Motiv muss man sich auf diese Weise beschäftigen, aber währenddessen werden Sie Altes und Neues entdecken, das Ihnen bei Ihren Entscheidungen hilft.

Platzaufteilung und Motivanordnung

Der Rand des Bildes und die Position des Tieres zum Rand ist nicht unwichtig. Wenn Sie das Tier beispielsweise zu weit am unteren Rand des Bildes positionieren, wirkt es, als falle es aus dem „Rahmen" heraus **(1)**. Wird es seitlich platziert und schaut nach außen, hat man den Eindruck, es verlasse das Bild gerade, das Auge des Betrachters folgt und verlässt das Bild ebenfalls.

Vermeiden Sie das Objekt genau in das tote Zentrum des Bildes zu stellen **(2)** oder dominante Elemente in derselben Größe mehrmals aufs Bild zu bringen **(3)**, da ein solches symmetrisches Bild statisch und langweilig wirkt. Im Allgemeinen ist es besser, wichtige Bildelemente leicht außerhalb der Mitte zu positionieren, jedoch ist diese Regel nicht bindend, mitunter möchte man sie vielleicht auch brechen.

Wenn Sie ein Tier nicht vollständig darstellen, bei einem Porträt beispielsweise, schneiden Sie das Bild nicht an Stellen wie Gelenken ab, sonst wirken die Gliedmaßen seltsam „amputiert" **(4)**. Extreme perspektivische Verkürzung kann dazu führen, dass die Form des Tieres linkisch und unschön erscheint. Besonders wenn Sie mit Fotos arbeiten, sollten Sie darauf achten **(5)**.

Wenn Sie ein Tier unglücklich neben ein Element des Hintergrunds stellen, können seltsame optische Täuschungen entstehen **(6)**.

Achten Sie auf den linearen Bildaufbau. Parallele Linien können eine Komposition schwächen **(7)**, besonders, wenn sie zu nahe an den Seitenrändern oder am unteren Rand liegen.

Den Blick zum Brennpunkt lenken, Objekte gruppieren

Das Auge des Betrachters möchte in das Bild hinein- und hindurchgeleitet werden, hin zu einem „Brennpunkt". Dabei erweist sich ein Führungspunkt oder eine „Führungsschiene" als nützlich – ein Weg, ein oder zwei Steine, ein Gebüsch oder eine Baumgruppe, strategisch so angeordnet, dass der Blick dadurch ins Bild gezogen wird **(9)**.

1 Das Objekt befindet sich zu nah am unteren Rand und scheint dadurch aus dem Bild zu fallen.

2 Die Positionierung des Objekts genau in der Mitte kann der Komposition die Lebendigkeit nehmen – das Bild wirkt tot.

3 Würde man das Bild in der Mitte teilen, erhielte man zwei identische Hälften.

4 Tiere sollten nicht an ihren Gelenken „abgeschnitten" werden.

5 Seltsam linkisch wirkende Körperformen entstehen durch extreme perspektivische Verkürzung und sollten vermieden werden.

Angenommen Sie malen eine Landschaft und in der Ferne befinden sich Tiere. Stellen Sie diese nicht als verstreute Punkte dar, sondern gruppieren Sie die Tiere sorgfältig, sodass das Auge sie deutlich als Herde, Rudel o. Ä. erkennt **(8)**.

Farbe und Ton

Die Art und Weise, wie abgestufte Töne innerhalb einer Malerei angeordnet sind, ist wichtig für das Bild. Wo befinden sich größere Schatten, wo ist es hell? Auch die Anordnung der Farben im Bild ist zu bedenken. Wie wir wissen, scheinen Rot und Gelb dem Auge näher zu sein, Blau erscheint entfernt. Diese Effekte können wirkungsvoll eingesetzt werden, um Bildelemente zu betonen oder in den Hintergrund zu rücken. Mit Hilfe von Farbe können auch Stimmungen und Atmosphäre heraufbeschworen werden.

In der Vergangenheit schufen Künstler oft eine Illusion von perspektivisch-räumlicher Tiefe, indem sie einen dunklen Vordergrund gegen einen angestrahlten, hellen Mittelgrund setzten, im Hintergrund gab es größere Stellen mit Licht und Schatten. Zu sehen ist dies bei Claude Lorraine (1600–1682) und bei Nicholas Poussin (1615–1675), ein Kniff, der sich bei jedem Bild anwenden lässt.

Tipp: *Eine Methode, die Bildfläche harmonisch einzuteilen, besteht darin, das Bild horizontal und vertikal zu dritteln. Durch ein solches Gitternetz entstehen neun gleich große Sektionen. Wo sich die Gitternetzlinien kreuzen, entstehen vier Schnittpunkte. Wenn wichtige Elemente des Bildes hier an diesen Schnittpunkten platziert werden, ist die Wirkung außerordentlich. In der Abbildung befinden sich das Auge des Mutterschafs und das des Lamms an diesen Punkten.*

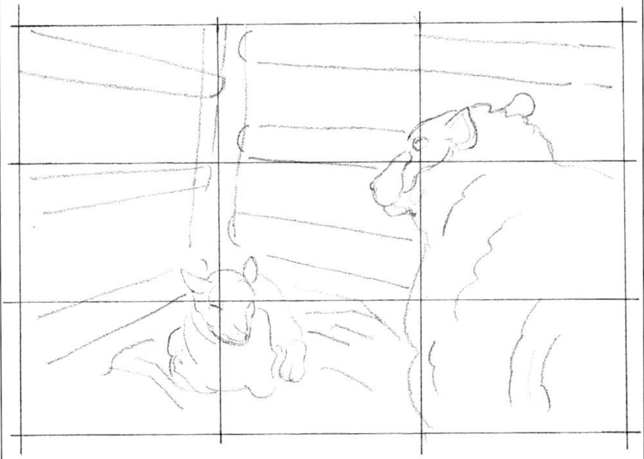

6 Das Pferd scheint am Baum angeklebt zu sein! Hintergrundelemente sind sorgsam zu positionieren.

7 Dominante, parallel verlaufende Linien halten ein Bild nicht zusammen.

8 Tiere in der Ferne sollten gruppiert werden, damit sie nicht wie verstreute Punkte sondern wie eine Gruppe grasender Tiere wirken.

9 Eine gute „Führungsschiene" ermutigt den Betrachter das Auge in das Bild hinein- und um das Objekt herumwandern zu lassen.

Perspektivische Bild-gestaltung

Selbst wenn das Hauptanliegen die Darstellung von Tieren ist, sollten diese sich jedoch in ihrer natürlichen Umgebung aufhalten und nicht im freien Raum schweben oder dem Betrachter „entgegenspringen", es sei denn, diese Wirkung ist ausdrücklich erwünscht und beabsichtigt. Tiere unterliegen wie alles andere auch den Regeln der Perspektive, auf einem Bild also werden sie kleiner und heller im Farbton, je weiter sie in die Ferne rücken.

Auch die Farbe ändert sich mit der Entfernung. Dieses Phänomen nennen wir Luft- und Farbenperspektive: In dem Maße, wie eine Farbe in die Ferne rückt, erscheint der Farbton heller, weniger intensiv, der Kontrast zwischen hellen und dunklen Tönen lässt nach. In einem gemäßigten Klima tendieren Farben in der Ferne zu Blau oder Grau. Wie bereits erwähnt ist Blau eine Farbe, die immer vom Auge weiter entfernt wirkt, als andere Farben. Deshalb eignet sie sich für den Hintergrund – als reines Blau oder gemischt mit anderen Farben schafft Blau ein Gefühl der perspektivisch-räumlichen Tiefe im Bild.

Die körperlichen Details des einzelnen Tieres unterliegen natürlich auch der Perspektive, das darf nicht vergessen werden. Mit dieser Problematik befasst sich Kapitel 2: Anhand einfacher geometrischer Formen, die dem Tierkörper zu Grunde gelegt werden, zeigt sich die Wirkung der linearen, geometrischen Perspektive.

Will man die perspektivische Darstellung maßstabgerecht bewältigen und räumliche Tiefe und Entfernung suggerieren, muss man Objekt und Motiv genau beobachten und das Verhältnis der einzelnen Elemente zueinander ständig überprüfen.

Oben: Je weiter entfernt ein Bein, desto kürzer erscheint es. Wenn das Tier dem Betrachter frontal oder leicht zur Seite gedreht gegenüber steht, erscheinen die Hinterbeine weiter oben auf dem Papier.

Tipp: *Sind Sie sich nicht sicher, wie groß ein Tier auf einer bestimmten Ebene des Bildes sein muss, schneiden Sie mehrere verschieden große Tiersilhouetten aus Papier oder Karton aus und legen Sie diese an die Stelle, wo das Tier erscheinen soll. Probieren Sie so lange, bis Sie die richtige Größe gefunden haben.*

Links: Stellen Sie sicher, dass mehrere Tiere auf ein und derselben Entfernungsebene im Bild auch gleich groß sind. In der Abbildung sind die Tiere jeweils einer Ebene auf der einen Seite genau so groß wie auf der anderen Seite des Weges.

Oben: Dass sich die Enten weit oben im Bild befinden, lenkt den Blick ins Bild hinein. Die konvergierenden Linien an der Seite des Wasserbeckens verstärken diese Wirkung.

Rechts: Je nach Entfernung unterscheiden sich die Schafe in Farbe und Ton. In der Abbildung wurden die Farblösungen für Schaf und Landschaft mit zunehmender Entfernung verdünnt sowie mit etwas Blau versetzt. Der Schatten, den das Tier auf dem Boden wirft, darf nicht vergessen werden, egal in welcher Entfernung sich das Schaf auch befindet. Er bewirkt, dass das Tier fest auf dem Boden steht und nicht im Raum schwebt.

Die „richtige" Arbeitsweise finden

Wer ein Bild mit Tieren malt, seien diese nun die Hauptakteure oder nur zufälliger Bestandteil des Bildes, muss einige Besonderheiten beachten.

Im Laufe der Zeit wird jeder, was die Auswahl der Motive und die Art der Darstellung betrifft, seine eigenen Interessen entwickeln. Das Objekt kann dabei so einfach oder so kompliziert erfasst werden, wie der Künstler es wünscht – ein „vollendetes Bild" ist nicht unbedingt immer ein kompositorisch oder technisch detailliert ausgearbeitetes.

Das Skizzenbuch sollte immer zur Hand sein. Gewöhnen Sie sich an, die Objekte und Motive Ihres Interesses bei jeder Gelegenheit zu beobachten und entwickeln Sie Wege, bestimmte Eindrücke festzuhalten. Auf den Kunstakademien zitiert so mancher Lehrer gern das alte Sprichwort, dass Malen und Zeichnen zu 90 Prozent aus Sehen und zu 10 Prozent aus Tun bestünden. Es trifft tatsächlich zu.

Wer gern spontan arbeitet, während er seinem Modell direkt gegenübersteht, kann im Freien durchaus Aquarelle malen, auch ohne große Vorbereitungsarbeit, die vielleicht in einer einzigen Experimentalskizze und ein paar kleinen, schnellen und knappen Skizzen der Bildkomposition besteht. Auf diese Weise sollte man allerdings nicht unbedingt großflächige Arbeiten in Angriff nehmen.

Arbeitsskizzen und Farbstudien können gut vor Ort entstehen und später im Atelier als Informationsquelle genutzt werden. Auf diese Weise kann man das Bild so malen, wie man es wirklich sah, das Bild völlig anders interpretieren oder Elemente anderer Zeichnungen integrieren. Fotografien stellen einen weiteren Fundus dar, jedoch wurde bereits davor gewarnt, sich zu sehr darauf zu verlassen.

Jeder bevorzugt ein bestimmtes Medium; so mag die Autorin die Aquarellmalerei am liebsten. Die in diesem Kapitel besprochenen Arbeitsmethoden gelten jedoch für alle Medien.

ÜBUNG: *Wählen Sie ein Thema aus, das Sie darstellen wollen, zum Beispiel einen Hund, der einem Ball hinterherjagt. Beginnen Sie damit, dass Sie einige Zeit mit dem Hund verbringen, ihn beobachten und kennen lernen. Dann versuchen Sie sich an ein paar Skizzen – in diesem Stadium müssen es noch keine Bilder von Bewegungsphasen sein. Versuchen Sie die Persönlichkeit des Hundes zu erfassen, zeichnen Sie seine Gesichtszüge, stellen Sie ihn in Farbe dar. Machen Sie sich mit seinem Körperbau vertraut und vermerken Sie, wo die Gelenke liegen, da diese für die Darstellung seiner Bewegungen unerlässlich sind. Fotografieren Sie den Hund, auch aus unmittelbarer Nähe, auch beim Rennen und Tollen. Nehmen Sie beim Bildaufbau die Skizzen, Ihr Wissen über das Tier und die Fotos zu Hilfe. Wählen Sie ein Medium, dass dem Wesen des Tieres entspricht.*

Unten: Der Künstler malte dieses Bild eines alten, in seinem Stall fest schlafenden Kaninchens vor Ort mit Bleistift und Aquarellfarbe.

Das Skizzieren

Die Skizze ist der *Beginn* jedes Bildes, sie ist aber nicht *das Bild* selbst – das Bild sagt etwas anderes, davon Unabhängiges aus. Skizzen sind die erste begeisterte Antwort auf das, was man sieht. Sie sind sehr unmittelbar und erfüllt mit einem Gefühl von Leben und Aktivität.

Das Wort „Skizzieren" ist leicht irreführend. In einem anderen Kontext, außerhalb der Kunst, beschreibt es mitunter eine saloppe, oberflächliche Annäherung an eine Sache – unvollständig und in Eile. Ein Wörterbuch mag das Wort „flüchtig" in diesem Zusammenhang nennen – oder das Wort „Entwurf", welches das hier Gemeinte besser beschreibt.

Eine Studie oder Skizze kann als hoch geschätztes Kunstwerk angesehen werden. Einige der gemalten Studien von John Constable (1776–1837) beispielsweise, die er für seine auf Ausstellungen präsentierten Gemälde anfertigte, werden höher bewertet als die vollendeten Werke selbst. Und es ist wahr, manchmal gelingt es, das Besondere, das Wesentliche eines Objekts in einer Skizze einzufangen, im fertigen Bild ist es dann jedoch verloren. Skizzen sind wie Erkundungsreisen, auf denen Informationen gesammelt und aufgezeichnet werden. In einem Sinne sind sie unvollständig, da sie keine vollendeten Werke sind, aber sie sind wichtig und wertvoll als Gedankenstütze und Informationsquelle.

Führen Sie ein Skizzenbuch und zeichnen Sie alles, was Sie interessiert. Selbst die kleinsten, schnell hingeworfenen Skizzen können Material für große Bilder darstellen und entsprechende Ideen auslösen.

Wenn Sie mehrere Skizzen von demselben Tier anfertigen, wird sich sein Charakter Ihnen mitteilen. Während der Künstler die Bleistiftskizzen der hier abgebildeten Spaniels zeichnete, wurde ihm bewusst, wie er die Hunde malen wollte (siehe S. 120–121).

Erst durch Skizzen werden Sie richtig verstehen, wie ein Tier sich verhält, sich bewegt, was es tut – das Betrachten allein genügt nicht. Diese schnellen Bleistiftskizzen wurden gemacht, um etwas von den ruckartigen, plötzlichen Bewegungen dieser Hühner einzufangen.

Unten: Manche Skizzen fangen einen Moment, den Bruchteil einer Sekunde so gut ein, dass sie Selbstzweck werden.

Das Malen im Freien

Wer sich entschließt ein Aquarell vor Ort zu malen, muss zügig arbeiten. Die Lichtverhältnisse ändern sich schneller als man malen kann, auch die Schatten verändern sich im Laufe des Tages. Vielleicht entscheidet man sich für zwei verschiedene Motive, eins für den Vormittag, eins für den Nachmittag.

Zeichnen Sie das Bild mit einem mittelgroßen Pinsel und mit einer stark verdünnten Mischung aus Kobalt und Umbra gebrannt vor – diese Farbe verschwindet, wenn man sie übermalt. Dieses Umreißen soll eher wie ein „Abstecken des Geländes" erfolgen, weniger wie wirkliches Zeichnen. Sonst wird die Zeichnung unter Umständen später bloß mit Farbe ausgemalt, das Ergebnis ist eine kolorierte Zeichnung. Wer eine kolorierte Zeichnung im Sinne hatte, wird zufrieden sein, aber es ist keine Malerei, kein Gemälde. Wer sich mit einem Bleistift sicherer fühlt, kann auch damit sein Bild „abstecken", sollte ihn aber leicht führen und nur schwache Striche machen. Konzentrieren Sie sich auf die Elemente des Bildes, ordnen Sie sie an, ohne Details wiederzugeben, und fahren Sie fort zu *malen*!

Malen Sie von Hell nach Dunkel und vom Hintergrund zum Vordergrund (außer bei Tieren, die sich nach hinten wegbewegen). Diese Arbeitsweise ermöglicht es, die Farbtöne wirkungsvoller ins Verhältnis zueinander zu setzen und jedes Element an die richtige Position im Raum zu

TIPP: *Wenn Sie draußen auf dem Lande malen wird es nicht schwierig sein, ein ruhiges Plätzchen zu finden, wo Sie ungestört und für sich alleine arbeiten können. Wo sich viele Menschen tummeln, macht es Sie vielleicht nervös in der Öffentlichkeit zu zeichnen und zu malen. Finden Sie einen geschützten Ort, der keine Blicke auf sich zieht und setzen Sie sich mit dem Rücken zu einer Wand oder an einen Baum, damit Ihnen niemand über die Schulter schaut. Verinnerlichen Sie sich die Formen, bevor Sie einen Strich aufs Papier setzen. Verlieren Sie sich in konzentriertem Beobachten und in der Tätigkeit des Malens, vergessen Sie alles um sich herum. Schließen Sie halb die Augen, um Formen und Farben zu vereinfachen und klarer zu sehen. Außerdem wirken Sie so auf andere unnahbar und grimmig, meist wird man Sie in Ruhe lassen.*

Der Künstler musste diese Szene mit Schafen im Schnee recht schnell zu Ende bringen, weil es sehr kalt war. Pastellkreide gab dem Aquarell Lichtpunkte und mehr Oberflächenstruktur. Der farblich dunkler getönte und zum Rest in Kontrast stehende Vordergrund sowie der Weg, der ins Bild hineinführt, geben dem Arrangement noch mehr räumliche Tiefe.

Rechts: Dieses Bild begann der Künstler mit vorbereitenden Lasuren, mit denen das Papier vollständig bedeckt wurde. Sie geben dem Bild Leuchtkraft und Brillanz: zuerst eine dünne Schicht Gummigutt-Gelb, wenn die trocken ist, ein leicht intensiveres Quinacridonrosa. Eine Kobaltlösung wird für den Himmel aufgetragen.

Unten: Kobalt und Ultramarin lassen die Landschaft im Hintergrund weit entfernt wirken und deuten leichten Frost an. Hier und da ein Hauch wärmerer Farbe zieht den Blick auf sich – eine rotbraune Marke im Ohr eines Schafes, eine hellere Mischung bei der Kuh im Hintergrund und beim Misthaufen. Weißer Farbstift deutet Frost im Vordergrund an.

stellen. Schafe beispielsweise erscheinen farblich völlig verschieden, je nachdem, wo sie sich in der Landschaft befinden.

TIERE UND LANDSCHAFT

Wer Landschaft mit Tieren malt, sollte zuerst die Tiere skizzieren, falls sie weglaufen. Wer sich gleich am Anfang in die Darstellung der Landschaft vertieft und dabei vergisst die Kühe zu malen, wird plötzlich feststellen, dass sie gar nicht mehr da sind!

Ein Künstler, der vorrangig Landschaften malt, möchte vielleicht ab und zu ein Tier ins Bild setzen, sozusagen als „Dekoration", da ein Tier auf wunderbare Weise einer Landschaft Leben einhaucht. Zuerst muss man also entscheiden, welchen Stellenwert die Tiere im Bild einnehmen sollen – vielleicht sollen sie ja als Brennpunkt dienen und den Blick des Betrachters anziehen. Am wichtigsten ist es die Herde grasender Kühe oder Schafe so zu malen, dass sie sich in die Landschaft einfügen und nicht aufgesetzt wirken. Das Ergebnis soll eine harmonische Bildkomposition sein.

Um das zu erreichen, kann man die Methode der Einlinienzeichnung ausprobieren. Bei diese Zeichenmethode wird alles im Bild mit einer einzigen Linie gezeichnet ohne abzusetzen. Danach wird das Bild in der üblichen Weise zu Ende gemalt. Diese Technik wird manchmal bei Malkursen als Übung angewandt, sie hat aber einen ganz praktischen Hintergrund: Auf diese Weise entsteht ein wirklich in sich geschlossenes, kohärentes Bild.

TIPP: *Wenn Sie im Freien malen, setzen Sie sich so, dass der Wind vom Tier zu Ihnen weht, sodass es keine Witterung aufnimmt – besonders, wenn es ein wildes und möglicherweise gefährliches Tier ist.*

Das Zeichnen mit Hilfe einer ununterbrochenen Linie wird in Mal- und Zeichenkursen oft als Übung praktiziert. Wenden Sie diese Technik an, um Tiere in der Landschaft darzustellen – das Bild wird überzeugend homogen und in sich geschlossen sein.

Das Malen im Atelier

Die Arbeit im Atelier kann viel Spaß machen – Bilder komponieren mit dem Material, das man im Vorfeld gesammelt hat. Diese Arbeitsweise hat viele Vorteile. Es macht sich gut, wenn Ihre Zeit fürs Malen wegen anderer Verpflichtungen begrenzt oder das Wetter wechselhaft ist, Sie können das auf einem Ausflug gesammelte Material in Ruhe sichten und sich die Zeit nehmen, darüber nachzusinnen und es auf verschiedene Weise kombinieren und arrangieren, bevor Sie mit dem eigentlichen Malen des Bildes beginnen. Atelierarbeit eignet sich auch besonders für Künstler, die das Arbeiten in der Öffentlichkeit für nervenaufreibend halten.

Bevor das Bild begonnen wird, sollte sichergestellt sein,

Diese Farbskizzen von Schafen und neugeborenen Lämmern in einer Scheune waren die Grundlage für die einzelnen Elemente des Bildes auf der nächsten Seite. Der Künstler wählte eine begrenzte Palette von Erdfarben (Lichter Ocker, Umbra gebrannt, Siena gebrannt) sowie Indigo, Französisch-Ultramarin und etwas Krapplack Rosa.

dass genügend Informationsmaterial zusammengetragen wurde; Arbeitszeichnungen und/oder Farbskizzen mit informativen und verständlichen Notizen sowie Fotos als Hintergrundinformation dienen als wichtige Informationsquelle. Da der Künstler im Atelier nicht wie draußen vor Ort unter Zeitdruck steht, kann er sich zum Ausprobieren Zeit lassen, aus verschiedenen Varianten der Bildkomposition die beste auswählen. Er kann sogar mehrere Bilder mit denselben Elementen malen oder neue aus anderen Quellen einbringen und damit experimentieren.

Im Atelier sollte immer auf gute Beleuchtung geachtet werden, gestreutes, natürliches Tageslicht ist ideal. Intensives Sonnenlicht und elektrisches Licht verfremden die Farben. Wer bei künstlichem Licht malen muss, sollte zumindest spezielle Tageslichtlampen einsetzen.

ÜBUNG: *Malen Sie ein fertiges Bild, das auf verschiedenen Detailstudien ein und desselben Objekts beruht. Stellen Sie das Objekt in eine passende Landschaft, die ebenfalls auf Skizzen sowie anderem Material beruht.*

Der Künstler plante und malte dieses Bild auf der Grundlage eines umfangreichen, sorgfältig recherchierten Informationsmaterials in aller Ruhe in der vertrauten Umgebung seines Ateliers. Das wachsame Mutterschaf und seine Lämmer wurden in einem imaginären Dreieck angeordnet. Die Stangen lenken das Auge des Betrachters in die Ecke der Einfriedung auf eben diese Gruppe, wodurch klar wird, dass sie das Hauptmotiv des Bildes darstellt.

Die Bildkomposition aus verschiedenen Motiven zusammensetzen

Ein Bild kann auch aus mehreren Elementen und Motiven zusammengesetzt werden, zu denen bei verschiedenen Gelegenheiten Material gesammelt wurde. So entstand das Bild *Schafe mit Schäferhunden im Schnee* (siehe folgende Seiten). Ein schneebedecktes Feld im Licht der untergehenden Sonne bildet den Rahmen, in den eine Szene gestellt wird, die der Künstler bereits vor längerer Zeit beobachtet hatte: ein Schäfer, der zusammen mit seinen beiden Hunden die Herde hütet.

Aus allen möglichen Skizzen, Fotos, Arbeitszeichnungen – einiges davon ist hier abgebildet – wurden einige Elemente ausgewählt, die so zusammengesetzt werden konnten, dass sie die gewünschte Wirkung erzielten. Hierbei ist zu beachten, dass man Fotos immer mit einer Arbeitszeichnung kombiniert, auf der Schatten und die Richtung des Lichteinfalls vermerkt werden sowie Notizen zur Farbe. Letzteres ist außerordentlich wichtig.

Notizen zur Farbe

Wenn die Beschreibung der Farben genau und präzise vorgenommen wird, hat man später im Atelier keine Mühe die richtigen Farbtöne zu treffen, und selbst in zwanzig Jahren sollte es ein Leichtes sein, Bilder mit den richtigen Farben zu malen. Das bedeutet nicht, dass man das Gras mit „grün" oder ein Pferd mit „braun" beschreibt. Unser Farbgedächtnis ist ausgesprochen unzuverlässig, sicherlich kann man sich später an feine Farbnuancen nicht mehr erinnern, wenn man sie nicht auf der Stelle vermerkt.

Wenn es Ihnen Mühe macht, die Farben die Sie wahrnehmen genau zu beschreiben, oder wenn Sie nicht wissen, wie Sie sie mischen sollen, dann versuchen Sie doch einmal sie mit vertrauten Dingen zu vergleichen. Ein Schüler, dem diese Methode erklärt worden war, ging hinaus und fertigte eine Arbeitszeichnung an mit Farbnotizen, die auf seiner Kleidung beruhten. Da gab es ein „Hosengrün" oder ein „Jackenbraun" – diese Farben konnten im Atelier leicht reproduziert werden. Vielleicht haben Sie einen Teppich in genau dem Blauton, den Sie draußen vor sich sehen. Oder Sie denken an Früchte, Kräuter, Gemüse – ein Hügel in der Ferne ist dann vielleicht „Salbeigrün", der Himmel „Blau wie ein Entenei", ein Pferd „Leberbraun". Sie sollten auch vermerken, ob die Farbe „weich" oder „hart" ist – je größer die Entfernung, umso weicher wird der Farbton erscheinen, und das muss festgehalten werden. Ebenso die Richtung des Lichteinfalls, die Tageszeit, Wetterbedingungen und möglichst eine Notiz zur Stimmung – trüb, düster, heiter, still, friedlich… Solche Notizen sind hilfreich, wenn man sich die Szene wieder ins Gedächtnis rufen will.

Diese Bleistiftskizze wurde gezeichnet, als die Sonne gerade unterging. Die verschiedenen Farben werden verbal beschrieben, die Tageszeit, das Wetter sowie weitere Bemerkungen zur Stimmung vermerkt.

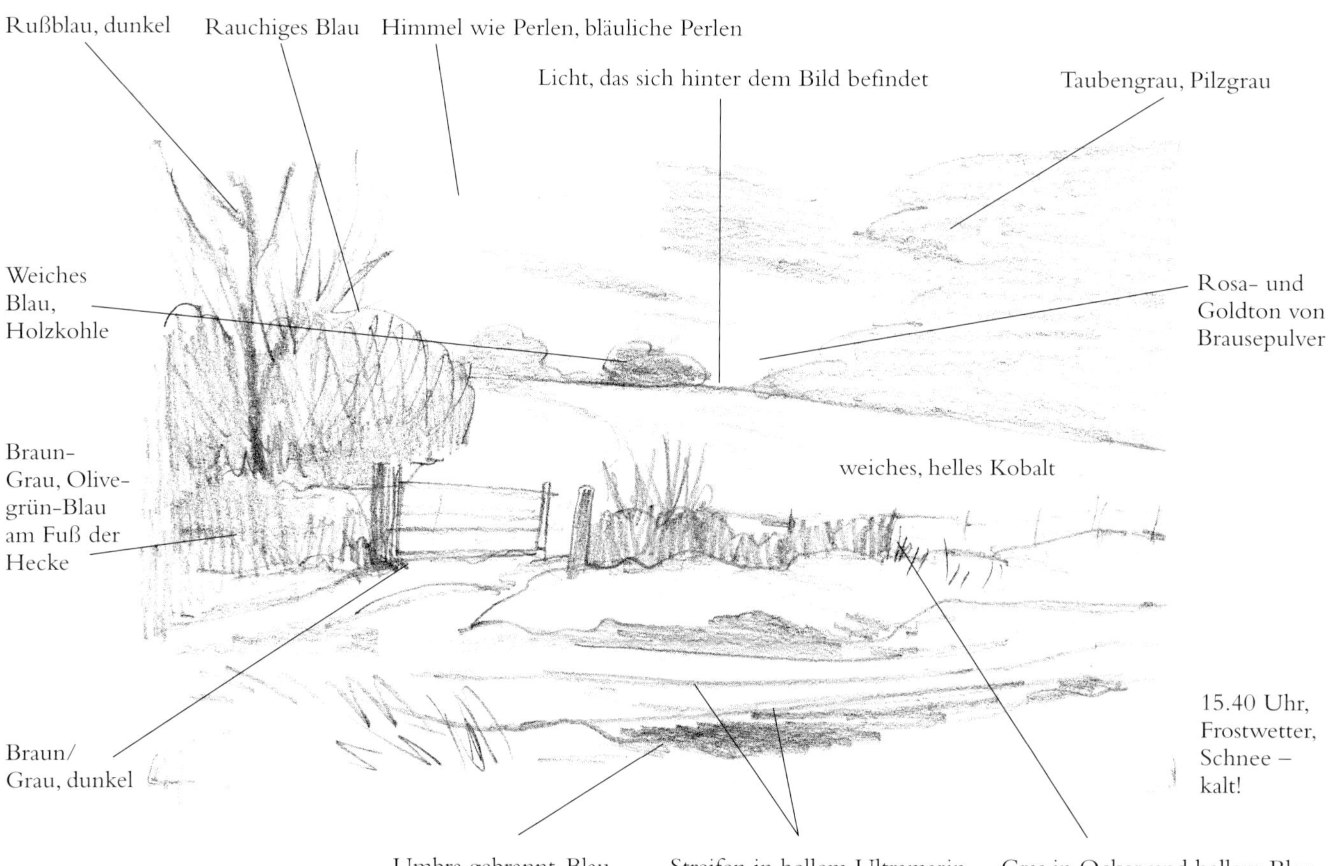

Eine Serie von Fotografien, die über einen kurzen Zeitraum hinweg von derselben Ansicht gemacht wurden, zeigen, wie sich die Wirkung von Licht und Schatten verändern. Außerdem wurden mehrere Fotos von verschiedenen Positionen aus gemacht, um schnell und einfach die Szene aus unterschiedlichen Perspektiven heraus festzuhalten.

Rechts: Verschiedene Quellen liefern Informationen für die Darstellung der Tiere. Die Abbildung zeigt eine Studie zur Maul- und Nasenpartie. Dieses Lamm war gestorben, der Künstler konnte es skizzieren, bevor der Schäfer es wegbrachte.

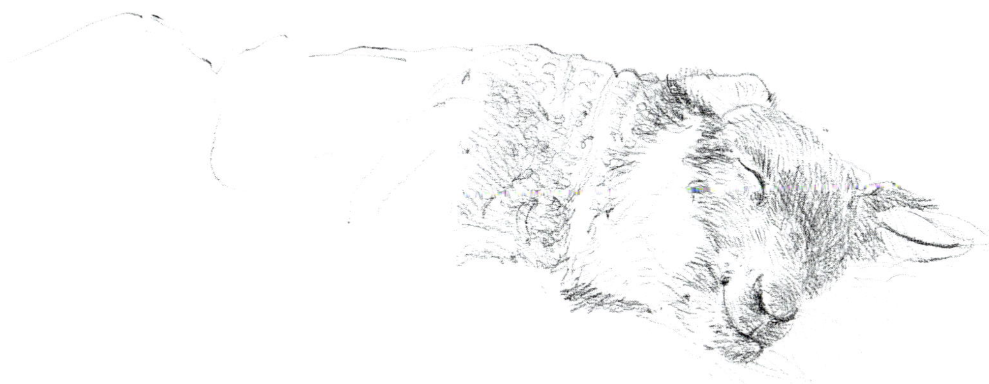

Die schnell angefertigten Bleistiftskizzen dieser Schäferhunde vermitteln einen Einblick in ihren Charakter: Sie nehmen ihre Aufgabe ernst, sind wachsam und handeln schlau.

Schafe mit Schäferhunden im Schnee

Dieses Bild beruht auf einer Sonnenuntergangsstimmung, die der Künstler irgendwo auf dem Lande beobachtet hatte. Die Sonne ging schnell unter, die Veränderungen der Schatten in Form und Farbe waren faszinierend. Der Maler entschied sich, den Himmel etwas aufzuhellen und eine Szene einzubinden, die er woanders beobachtet hatte: Zwei Hunde, die zusammen mit dem Schäfer Schafe in Schach hielten. Einer der beiden Hunde lernte sein Handwerk erst und beobachtete den älteren, erfahrenen Hund. Er wäre am liebsten sofort aufgesprungen, um die Schafe anzutreiben, und konnte sich nur mit Mühe zurückhalten und beim Tor sitzen bleiben.

Kompositionen, die zufällig wirken

Mit der Erfindung der Fotografie im 19. Jh. eröffneten sich den Künstlern Möglichkeiten zufällige, spontane Bilder zu schaffen. Ganz anders als gestellte Posen vermittelten diese Momentaufnahmen und „Schnappschüsse" einen faszinierenden Eindruck von Unmittelbarkeit. Man hat das Gefühl dabei zu sein. Unweigerlich beeinflusste diese neue Technik die Malerei: In Edgar Degas' (1834–1917) Gemälden zum Beispiel, die Szenen vom Pferderennen darstellen, scheinen die Akteure ins Bild hinein- bzw. aus dem Bild herauszulaufen, manchmal sind sie nur teilweise zu sehen. Aber genau das gibt dem Betrachter das Gefühl dabei zu sein, und es vermittelt Bewegung und Szenenwechsel.

Hier ließ sich der Künstler zu einem Bild anregen, das die berühmte *Appleby Horse Fair* zum Thema hat. Dieser traditionelle Pferdemarkt findet jährlich im englischen Appleby in der Grafschaft Cumbria statt, hier treffen sich die Travellers, die fahrenden Leute, die Gypsies, um mit ihren prächtigen Tinkerpferden zu handeln.

Material für dieses Gemälde wurde in Form von Fotografien und zahlreichen Skizzen zusammengetragen, in denen möglichst das geschäftige Treiben, die Intensität der Handlungen beim Waschen und Striegeln der Pferde im Fluss, bevor sie verkauft werden, zum Ausdruck kam.

Zurück im Studio wurden die einzelnen Elemente der Szene so zu einem Bild zusammengesetzt, dass bewusst die Spontaneität eines Schnappschusses entsteht. Die Bildkomposition wirkt zufällig und vermittelt damit den Eindruck, als sei man in Appleby dabei.

Der Künstler hielt diese Skizzen während des Pferdemarktes in Appleby mit einem weichen Bleistift fest. Dabei arbeitete er schnell, um Gesten und Bewegungen festhalten zu können.

Dies ist eins der vielen Fotos, die der Künstler während des Pferdemarktes machte. So konnte er viele Details innerhalb eines Augenblicks festhalten. Indem der Sucher der Kamera auf verschiedene Weise auf die einzelnen Szenen gerichtet wurde, sammelte der Künstler Ideen für den Aufbau des Bildes.

Appleby Horse Fair
Der Künstler wollte einen „Augenblick" des geschäftigen Treibens auf dem Pferdemarkt einfangen. Die einzelnen Elemente des Bildes wurden anhand der Skizzen und Fotos, die vor Ort gemacht wurden, ausgewählt, wobei sich die Hauptszene auf das Foto stützt, das auf der vorigen Seite abgebildet ist. Allerdings wurden die Details nur in vereinfachter und veränderter Form übernommen. Das Pferd und der Junge am unteren Bildrand scheinen sich in das Bild hineinzubewegen. Dadurch wird der Blick des Betrachters zum Geschehen hingelenkt, er hat das Gefühl, dabei zu sein.

Das Bild wurde auf einem Papier mit leicht rauer Oberfläche gemalt. Als Aquarell begonnen, wurde es danach mit Pastellkreide fertig gestellt.

Das Spiel mit dem Massstab

Fantasievolle Bilder können entstehen, wenn man die Größenverhältnisse der einzelnen Objekte verändert. Das Beispiel hier zeigt zwei Fohlen von Shetland-Ponys inmitten einer bunten Gänseblümchenwiese. Dadurch, dass der Maßstab der Pflanzen im Verhältnis zu den Ponys vergrößert wurde, hat man den Eindruck, dass märchenhafte Wesen eine Fantasiewelt bevölkern.

Rechts: Bleistiftskizzen halten typische Posen des kleinen Fohlens fest. Die Skizzen helfen, die Proportionen dieser kleinen Ponys zu verstehen.

Oben: Nun wurden Farbskizzen der Ponys angefertigt, um die Textur des Fells und die Form des Kopfes zu studieren.

Oben rechts: Auf feinkörnigem Fabriano-Papier wurden mit zwei Pinseln, einem Fehhaarpinsel Größe 2 und einem mittelgroßen, spitz zulaufenden Pinsel aus Synthetikfasern, Farbstudien auch des Grases und der Gänseblümchen erstellt. Ein Pilz kam dazu, um dem Spiel mit dem Maßstab Gewicht zu geben.

Gegenüberliegende Seite: Das Bild wurde wie folgt gemalt:
Eine Hookersgrün-Lösung wurde auf den Stellen aufgebracht, auf denen später die Wiese erscheinen soll, wobei die Gänseblümchen ausgespart wurden. Nach dem Trocknen wurde eine dunklere Mischung aus Kobaltblau und Hookersgrün dort hinzugefügt, wo Schatten suggeriert werden. Schmale Streifen der hellen ersten Farbschicht blieben stehen, um die Grasstängel im Vordergrund zu gestalten. Zuletzt wurden die dunkleren Stellen der Vegetation mit einer Mischung aus Hookersgrün und Paynesgrau gearbeitet, wobei der mittlere Ton an manchen Stellen durchschimmert.

Das Weiß des Papiers bildet die hellen Stellen der Gänseblümchen, die dunkleren wurden mit einer hellen Mischung aus Paynesgrau und Französisch-Ultramarin schattiert. Der Pilz wurde mit einer hellen Lösung aus Lichtem Ocker und Umbra gebrannt gemalt, beim Schatten kam Kobaltblau dazu.

Eine wässrige Mischung aus Lichtem Ocker und Zinnoberrot bedeckt das Fohlen, wobei das Maul ausgelassen wurde. Für das zweite Fohlen weiter hinten wurde die Farblösung aufgehellt um anzudeuten, dass es räumlich weiter entfernt ist. Noch bevor diese Farbaufträge völlig trocken waren, wurden die mittleren Töne des Fells mit einer stärkeren Mischung mit mehr Rotanteilen geschaffen, die in die noch feuchten helleren Töne hineinliefen. So entstanden weiche Übergänge und Abstufungen.

Als alles trocken war, wurden die Schattierungen mit Mischungen aus Umbra gebrannt und Französisch-Ultramarin gearbeitet – einmal kälter mit einem größeren Blauanteil, einmal wärmer mit mehr Braun. Das Maul wurde mit einem hellen Blauton gearbeitet, der aus Paynesgrau und Französisch-Ultramarin gemischt wurde, für die Schattierungen wurde eine stärkere Mischung verwendet. Mit weißer Gouachefarbe wurden Lichtakzente gesetzt.

Tierporträts

Wer Haustiere porträtieren möchte, muss einige Vorbereitungen treffen, was das „Modellsitzen" betrifft. Nicht nur Menschen, auch Tiere mögen es nicht angestarrt zu werden, sie ändern also öfters ihre Position während einer Sitzung. Geduld ist für denjenigen, der Tiere malt, von großer Wichtigkeit. Auf einem großen Bogen Papier werden im Vorfeld Skizzen gezeichnet. Sobald das Tier sich bewegt, beginnt man eine neue Zeichnung, wenn es zu einer Pose zurückkehrt, die es schon zuvor eingenommen hatte, kehrt auch der Künstler zu der Zeichnung dieser Pose zurück – so entstehen mehrere Posen, man kann die richtige für das Gemälde aus vielen auswählen. Oft hilft es, das Tier mit Futter zu bestechen, wenn es so hingestellt wird, dass das Tier die gewünschte Haltung einnimmt. Möglicherweise muss man das Futter näher am Gesicht des Tieres platzieren und näher der eigenen Augenhöhe. Andere Ablenkungsmanöver wie Fernsehen oder eine weitere Person können ebenfalls funktionieren, besonders, wenn das Tier, was durchaus vorkommt, den Zeichenblock als Spielzeug ansieht. Versuchen Sie etwas entfernt vom Modell zu sitzen, aus mindestens einem Meter Entfernung lässt sich vieles klarer sehen.

Bei großen Tieren wie Pferden sollte man so viel wie möglich über das Tier in Erfahrung bringen. Jedes Tier hat eine Persönlichkeit und ist einzigartig; wer ein Tier nicht nur oberflächlich darstellen sondern ein wirkliches Porträt schaffen will, eine Studie seines einzigartigen Charakters, der muss möglichst viel von dem Tier wissen. Pferde haben einen seltsamen Sinn für Humor, ihre Besitzer werden Geschichten über ihre Wesenszüge, Eigenheiten und Schrullen zu berichten wissen.

Entscheiden Sie sich für die zum Tier am besten passende Pose. Ein lebhafter Spaniel wirkt mitten im Lauf sicherlich besser als im Sitzen (siehe übernächste Seite), eine ältere Katze wird wahrscheinlich in einer sitzenden Haltung am würdevollsten aussehen.

Dieses elf Monate alte Kätzchen namens Guy sitzt nie lange still, es sei denn, es putzt sich oder schläft. Der Künstler wollte seinen lebhaften Charakter darstellen, fühlte aber, dass eine einzige Pose ihm nicht gerecht werden konnte. Die hier abgebildeten Posen konnten alle auf einem einzigen Blatt Papier gemalt werden. Wer diese Methode nicht mag, sollte einmal versuchen, verschiedene Posen auf einzelnen Bögen festzuhalten, sie einzeln aufzuziehen und dann alle zusammen in einem Rahmen unterzubringen.

Hier wurde mit einem großen Fehhaarpinsel auf Hadern-Aquarellpapier gemalt, die eingesetzten Farben sind Indigo, Französisch-Ultramarin, Zinnoberrot und Gummigutt-Gelb.

Der Schafbock namens Sherbet gehört Freunden des Künstlers. Als Waise wurde er mit der Flasche aufgezogen, er ist der Liebling der Familie und hat einen großartigen Charakter, den der Maler erfassen wollte. Dafür empfand er ein formales Porträt als zu steif. Mit einer Bleistiftskizze des Kopfes wurde begonnen – der Schafbock steckte ihn liebenswürdigerweise durch den Zaun, um den Künstler zu beobachten, lange genug, dass dieser ein Aquarell beginnen konnte. Später im Atelier stellte sich heraus, dass es gelungen war, auf dieser Skizze den Geist des Schafes Sherbet einzufangen. Das Risiko, bei einem weiteren, neuen Bild diese Lebendigkeit einzubüßen, bewog den Maler, stattdessen die ursprüngliche Aquarellskizze weiterzuentwickeln und mit der Feder das Schroffe an ihm zu gestalten. Die Umgebung wurde leicht angedeutet, um die Aufmerksamkeit auf den Kopf zu lenken.

An Künstlermaterial kamen 200 g/m²-Zeichenpapier, ein 2B-Bleistift und fünf Aquarellfarben zum Einsatz: Siena natur, Indigo, Umbra gebrannt, Kobalt und Französisch-Ultramarin. Die Oberfläche wurde mit einer Zeichenfeder und anstatt Tusche mit einer kräftigen Aquarellfarblösung in Umbra gebrannt texturiert. Stellenweise wurde diese verdünnt, um einen helleren Ton zu erzielen. Die Textur der Augenbrauen wurde mit einem weißen Farbstift über die Aquarellfarbe mit scharf abgesetzten Strichen gestaltet.

Spaniels im Schnee

In dem Versuch, etwas anderes zu schaffen als die herkömmlichen Porträts, auf denen das Tier den Betrachter stumm anschaut, zeigt der Künstler den betreffenden Hund in einer Szene zusammen mit seinen Kameraden. Das Jagen und Tollen widerspiegelt den lebhaften Charakter des Tieres. Grundlage der Arbeit sind Bleistiftskizzen. Das Bild entstand auf feinkörnigem Saunders-Aquarellpapier. Der Hintergrund wurde als Nass-in-Nass gemalt, im Vordergrund kam die Technik des trockenen Pinselstrichs zur Anwendung. Oberflächen im Vordergrund wurden dazu noch durch Kratzen mit einem scharfen Handwerkermesser (Cutter) gestaltet, ein trocken vermalter Aquarellstift schuf die Textur des Fells. An Farben wurden Französisch-Ultramarin, Umbra gebrannt, Siena gebrannt, Lichter Ocker und Orange verwendet.

Auf der Suche nach Motiven

Was macht man, wenn man gerne Elefanten malt und in der Stadt wohnt? Ein Problem! Doch in so mancher Stadt gibt es einen Zoo, Elefanten sind also gar nicht so unerreichbare Motive, wie man meint. Und was ist, wenn man nun Landschaftsmaler ist, der auch gerne Tiere integriert, und wiederum in der Stadt wohnt? Dann muss man aufs Land fahren, um Tiere auf dem Bauernhof und in der Wildnis zu treffen. Aber – es ist erstaunlich, was man für schöne Motive auch in der Stadt, direkt vor seiner Nase, finden kann. Ein Beispiel: Einst in Paris wollte die Autorin ihre Eindrücke von der Stadt festhalten. Doch Gebäude zu malen ist nicht gerade ihr Lieblingsthema. Dann eines Nachmittags schaute sie nach einem Regenschauer aus dem Fenster ihres Hotelzimmers und bemerkte, wie viele Hunde unter den im frühen April noch fast unbelaubten Bäumen spazieren geführt wurden. Paris ist eine Stadt der Hunde, man findet alle möglichen Rassen vor. So entstand ein großes Ölgemälde dieser Szene, das die Eindrücke von Paris auf die Künstlerin im April am besten wiedergibt. So wie man in Paris viele Hunde sieht, sieht man in Venedig viele Katzen und London ist voller Tauben – wer genau hinschaut, findet in jeder Stadt, in jeder menschlichen Ansiedlung genug tierisches Leben.

Zoohandlungen und Bauernhöfe im Stadtgebiet sind andere Möglichkeiten, in bebauten Gegenden Tiermotive zu finden. Das eigene Haustier kann ein gutes Motiv sein, wenn man keines hat, kann man sich vielleicht eins von einem Freund oder Nachbarn „borgen". Die Auswahl an Haustieren kann ziemlich exotisch sein; Reptilien erfreuen sich zunehmender Beliebtheit. Auch Fernsehprogramme können eine erstaunlich umfassende Quelle für Ideen und Material sein, und sehr bequem dazu.

In ländlichen Gegenden sind die Möglichkeiten natürlich vielfältiger. Landwirtschaftsausstellungen, Viehmärkte, Verkaufsausstellungen für bestimmte Zuchttiere bieten dem Künstler, der sich der Tiermalerei verschrieben hat, ein weites Betätigungsfeld. Auf Bauernhöfen und in landwirtschaftlichen Betrieben findet man jede Menge Motive, sei es in Hof und Garten oder auf Wiese und Feld. Man sollte nicht versäumen, den Bauern um Erlaubnis zu fragen, ihm eine der Zeichnungen anzubieten, wäre sicherlich eine nette Geste. Wildparks bieten u. U. die Möglichkeit, Wildtiere aus anderen Regionen in einem relativ natürlichen Umfeld zu sehen.

Boulevard in Paris

Tiere gibt es in jeder Stadt. In Paris schaute der Künstler eines Nachmittags im April unmittelbar nach einem Regenschauer aus dem Fenster des Hotels und sah, wie jede Menge Leute ihre Hunde ausführten. Das abgebildete Ölgemälde zeigt diese Szene.

Tiere in der Wildnis malen

Wilde Tiere in ihrer natürlichen Umgebung zu malen klingt wie eine große Herausforderung. Es gibt tatsächlich Künstler, die bereit sind, einem wilden Bären gegenüberzutreten oder sogar unter Wasser zu zeichnen. Es gibt verschiedene Methoden, das zu erreichen, was man sich vorgestellt hat. Die meisten wild lebenden Tiere sind scheu und schwer auszumachen, viele Tiere sind in der Dämmerung aktiv, wenn die Lichtverhältnisse zum Zeichnen ungeeignet sind. Trotzdem sollten Sie vor Ort arbeiten, um ein „Gefühl" für die Natur zu bekommen, in der das jeweilige Tier lebt, auch wenn Sie es selbst nicht zu Gesicht bekommen. Halten Sie die Gegend fest, machen Sie Fotos, Skizzen und Notizen zur Farbe. Achten Sie besonders darauf, woher das Licht kommt und in welcher Stärke, denn Licht und Schatten müssen später auch auf dem Tier erscheinen und mit dem Licht- und Schattenspiel der Umgebung eine Einheit bilden. Wenn das gewählte Tier klein ist, eine Maus zum Beispiel, halten Sie alles aus einem tieferen Blickwinkel heraus fest.

Wer das Glück hat, das Tier tatsächlich zu erspähen, muss es so schnell und leise wie möglich festhalten. Aber was tun, wenn man das Tier gar nicht erst sieht? Es gibt folgende Möglichkeiten, dieses Problem zu lösen:

Suchen Sie nach einer guten Fotografie, denken Sie aber daran, dass der Wert eines Fotos für die Malerei begrenzt ist. Vielleicht finden Sie das Tier, das Sie malen wollen im Zoo. Zeichnen Sie es in so vielen Posen wie möglich – auch wenn nur ein oder zwei Vertreter dieser Art im Zoo sind können Sie auf Grundlage dieser Skizzen eine ganze Herde darstellen.

Die dritte Möglichkeit sind ausgestopfte Exemplare in Museen und Naturkundeausstellungen. Wenn Sie ein gutes Verhältnis zu den wissenschaftlichen Mitarbeitern des Museums oder der Ausstellung haben, dürfen Sie vielleicht in der Ausstellung sitzen und zeichnen oder kleinere Exponate sogar ausborgen. Ausgestopfte Tiere eignen sich hervorragend, um Detailstudien in Ruhe, ohne Zeitdruck und aus nächster Nähe zu betreiben. Das Wissen, das man hier sammelt hilft, das lebende Tier besser zu erfassen, wenn es einem in der Wildnis begegnet.

Es ist weiterhin möglich maßstabgerechte Modelle zu verwenden, eine althergebrachte Methode, die unter anderem von Thomas Gainsborough (1727–1788) angewandt wurde. Künstler bauten Scheunen oder Landschaftsmerkmale in Miniaturausführung und malten anhand dieser in ihrem Atelier. So weit müssen Sie aber gar nicht gehen, nutzen Sie qualitativ hochwertige Modelltiere. Der Bauernhof, mit dem Sie als Kind spielten, enthält vielleicht genau nachgebildete Schafe, Schweine oder Kühe. Achten Sie auf genügend Licht, das aus der richtigen Richtung kommen muss, auf die richtige Augenhöhe, aus der Sie die Tiere darstellen wollen. Jetzt können Sie akkurate Skizzen von jeder Position aus machen.

Diese Eule, die man als Nachtvogel höchst selten zu Gesicht bekommt, wurde anhand eines ausgestopften Exemplars gemalt und dann mit dem Hintergrund kombiniert. Um eine natürlichere Darstellung zu erreichen, platzierte der Künstler die Eule oberhalb seiner Augenhöhe, so als ob er sie oben auf einem Baum sehen würde. Zuerst wurde eine Schicht hellgelber Tusche aufgetragen – Tusche ist brillanter im Farbton als Aquarellfarbe. Nach dem Trocknen folgte eine dünne Schicht Quinacridonrosa unter Aussparung des Mondes und dann eine Schicht kobaltblauer Aquarellfarbe.

Der Vogel wurde mit Wasserfarbe gemalt, die Palette umfasst Lichten Ocker, Sepia, Umbra gebrannt und Siena gebrannt, mit Französisch-Ultramarin und Indigo gemischt. Die Textur der Federn und die weichen, „verschleierten" Farbnuancen wurden mit Farbstiften in Gelbbraun, Weiß und Grau gestaltet.

KAPITEL 6

Fragen und Antworten

Wie gelingt es mir, meinen Tierdarstellungen „Leben" einzuhauchen?
Leben und Lebendigkeit äußern sich in der Bewegung – selbst wenn ein Tier sich ausruht, ist es nie völlig bewegungslos. Um diese schwer fassbare Lebendigkeit festhalten zu können, müssen Sie jede Gelegenheit wahrnehmen, Tiere aus der Nähe zu beobachten. Studieren Sie, wie es steht, sitzt, liegt, wie es sich ausruht, wie es sich bewegt; machen Sie sich mit den typischen Haltungen vertraut, die es beim Stehen oder Laufen einnimmt. Achten Sie einmal darauf, wie ein Tier beim Stehen seine vier Beine hält – eins oder zwei sind immer etwas nach vorn gerichtet. Beobachten Sie, wie Tiere derselben Art sitzen oder stehen. Dieses Wissen ist von unschätzbarem Wert, wenn Sie anfangen Tiere zu zeichnen; es ermöglicht Ihnen, Ihre Kunstwerke mit Kraft und Leben zu erfüllen. Dies ist besonders wichtig, wenn Sie auf der Grundlage von Fotografien malen. Diese verzerren und verflachen oft die Formen, aber ein durch Beobachten erworbenes Wissen wird Ihnen helfen, das auf dem Foto Gesehene richtig zu deuten.

Bei Nahstudien oder „Porträts" sind die Augen von übergeordneter Bedeutung. Die Lichtspiegelungen sind besonders wichtig – sind sie schwerfällig dargestellt oder falsch platziert, verliert das Tier in der Darstellung höchst wahrscheinlich an Lebendigkeit.

Wie kann ich Schafe oder andere Tiere so gestalten, dass sie weit entfernt wirken?
Das ist eine Frage von Farbabstufung und Maßstab (siehe Luft- und Farbenperspektive, Seite 96). Um die richtige Größe zu treffen, stellen Sie das Tier zu etwas ins Verhältnis, das sich in gleicher Entfernung befindet – zu einem Zaunspfahl oder einem Baum beispielsweise. Je weiter entfernt etwas ist, umso heller werden seine Farben, umso geringer die Hell-Dunkel-Kontraste. Einzelheiten wie Augen, Nase, Maul sind nicht mehr erkennbar, Füße sind meist im Gras versteckt oder verschwinden hinter vorgelagerten Landschaftsmerkmalen. Schatten, die Tiere auf dem Boden werfen, verdienen größte Beachtung, sie „verankern" das Tier am Boden und verhindern den Eindruck, dass das Tier in der Luft schwebt.

Tiere laufen meist, sie bewegen sich. Wie kann ich dieses Gefühl von Bewegung erfassen? Soll ich etwas weglassen?
Studieren Sie Kapitel 4: Bewegungen einfangen. Um den Eindruck einer Bewegung zu vermitteln, müssen Sie in der Lage sein, das Wesentliche dieser Bewegung zu erkennen. Dazu müssen Sie ein Tier genau beobachten und notieren, an welche Bewegungsabläufe Sie sich erinnern – genau die sind es, die Sie zeichnen oder malen müssen. Üben Sie das mit Hilfe eines Videos, beispielsweise von einem Pferderennen. Studieren Sie ein galoppierendes Pferd, konzentrieren Sie sich auf die wichtigsten Bewegungsabläufe und merken Sie sich diese. Dann schauen Sie das Video noch einmal an und kontrollieren, ob Sie das Richtige in Erinnerung haben.

Beim Darstellen von Bewegungen müssen Sie Unwesentliches weglassen. Um dabei effektiv vorgehen zu können, sollten Sie verstehen, wie das Auge einzelne Dinge wahrnimmt, da es nicht wie ein Fotoapparat arbeitet. Während des Sehens tendiert das Auge dazu, sich auf herausragende, auffallende Objekte zu konzentrieren und den Rest nur am Rande wahrzunehmen. Worauf sich das Auge konzentriert, hängt von der Farbe, der Form und dem Kontrast ab, in dem ein Objekt zu anderen Dingen steht. Ein Beispiel: Ein Blumenstrauß besteht aus einer großen gelben Rose, dunkelgrünem Blattwerk und zartblauen Vergissmeinnicht-Blüten. Das Auge nimmt die Blumen wahrscheinlich in der folgenden Reihenfolge wahr: zuerst die gelbe Rose, da Gelb eine hervortretende, näher wirkende Farbe ist und die Rose eine auffallende Form hat; das dunkle Blätterwerk steht in starkem Kontrast dazu und wird als Nächstes wahrgenommen; die kleinen Vergissmeinnicht sind blau und wirken dadurch weiter entfernt, sie sieht das Auge zuletzt. Um diese Wirkung auf einem Bild zu reproduzieren, könnte man die Rose und ihre unmittelbare Umgebung detailliert darstellen, die anderen Blumen dagegen nur angedeutet, weniger detailliert, impressionistischer.

Bei einem Pferderennen wäre ein kastanienbraunes Pferd in nächster Nähe solch ein hervortretendes Objekt. Das Auge bleibt an den hell strahlenden Lichtreflexen hängen, deshalb sollten diese sehr sorgfältig gesetzt werden, das dunkel verschwommene Flimmern der galoppierenden Beine dagegen würde nur angedeutet und nicht im Detail gearbeitet werden.

Achten Sie auf die „magischen" Punkte bei Bewegungen: Eine wehende Mähne, ein fliegender Schwanz erhöhen den Eindruck der Geschwindigkeit. Manchmal erscheint der Hintergrund leicht verschwommen, auch das kann zum Empfinden von Bewegung beitragen.

Wie bewege ich ein Tier dazu, „Modell zu sitzen", also längere Zeit in einer Pose zu verharren?
Das können Sie nicht! Das Einzige, was Sie tun können, um ein Tier in der Pose darzustellen, die Sie sich wünschen, ist, sich in Geduld zu üben. Wenn Sie skizzieren, beginnen Sie mehrere Zeichnungen verschiedener Posen auf einem großen Blatt Papier. Das Tier wird die gewünschte Pose von Zeit zu Zeit wieder einnehmen, in der Zwischenzeit haben Sie eine ganze Sammlung von Posen zur Auswahl.

Versuchen Sie einmal dem Tier, wenn es gerade in der gewünschten Pose im richtigen Abstand dasitzt, kleine Leckerbissen zu füttern. Fotos können auch hilfreich sein, besonders, wenn Ihr Hund ein paar Sekunden für Sie in einer Stellung verharrt. Fertigen Sie trotzdem so viele Skizzen an wie möglich, verlassen Sie sich nicht auf das Foto allein.

Wie nähere ich mich einem Tier so weit, dass ich es studieren und auch Einzelheiten erkennen kann?
Das ist nicht ganz einfach, es sei denn, das Tier ist sehr gehorsam und Sie haben viel Glück. Bei Wildtieren ist es besonders schwierig und Sie müssen viel Geduld mitbringen. In Wildtiergehegen sieht man manchmal Füchse, Vögel, Rehe und Hirsche aus nächster Nähe. Eine Kamera mit Teleobjektiv ist viel wert, doch verlassen Sie sich auch hier nicht auf Fotos allein. An ausgestopften Tieren kann man gut Körperformen und Oberflächenstrukturen aus der Nähe studieren, vielleicht haben Sie die Möglichkeit dazu in einem Naturkundemuseum.

Wie gestalte ich Hintergründe? Welcher Hintergrund ist für mein Bild am besten geeignet?
Der Hintergrund, vor dem Sie das Tier in natura sahen, ist vermutlich der beste, wobei das bei ausgestopften Tieren nicht zutrifft. Wenn Sie ein Bild auf der Grundlage eines ausgestopften Tieres malen, sollten Sie seinen natürlichen Lebensbereich aufsuchen und möglichst vor Ort malen. Beim Porträt einer Katze dagegen mag der Hintergrund möglicherweise weniger umfangreich sein, hier können Sie versuchen, alle Farben, die Sie für die Katze verwenden, zusammenzumischen – das Ergebnis ist wahrscheinlich eine neutrale schmutzig-graue Farbe oder eine Tertiärfarbe. Wenn Sie die für den Hintergrund verwenden, hat dieser auf alle Fälle eine farbliche Beziehung zum Vordergrund. Überprüfen Sie, ob der Hintergrund hell oder dunkel sein muss, um zum Objekt in einem möglichst großen Kontrast zu stehen.

Ich möchte Haustiere porträtieren. Wie gehe ich an die Sache heran?
Sobald Ihre Freunde wissen, dass Sie malen, wird über kurz oder lang einer an Sie herantreten mit der Bitte, seine Katze oder seinen Hund zu porträtieren. Viele Menschen möchten einen Moment der Erinnerung an ein Tier einfangen, das gestorben ist. Wenn Sie keine Haustiere malen, sagen Sie es gleich und ersparen Sie sich viel Ärger. Wenn Sie jedoch gerne mal eins darstellen würden, dann ergreifen Sie die Gelegenheit!

Beginnen Sie damit herauszufinden, was Ihr Freund (oder Kunde) möchte und stellen Sie fest, ob das dem entspricht, was Sie können. Dann einigen Sie sich über den Preis. Es ist wichtig, dass Sie immer etwas berechnen – es sei denn, das Bild ist ein Geschenk – sonst verbringen Sie den Rest Ihres Lebens damit, Hunde und Katzen anderer Leute zu malen, ohne je einen Pfennig dafür zu bekommen; das ist in vielerlei Hinsicht nicht ratsam. Es verdirbt die Preise für die anderen Maler, die von ihrer Kunst leben müssen, und Ihre eigene Kunst verliert dadurch an Wert in den Augen anderer. Die meisten Menschen, selbst Ihre Freunde, werden gern für Ihre Leistung bezahlen.

Wenn Sie für einen Kunden malen, sollten Sie auch eine Gebühr bei Nichtgefallen vereinbaren, die normalerweise unter dem vollen Preis liegt und Sie für die aufgebrachte Zeit und Mühe entschädigt, falls das Bild dem Kunden nicht gefällt. Diese Gebühr schützt den Künstler vor den Launen übertrieben anspruchsvoller, unvernünftiger Kunden, die es leider gibt. Aber wenn Sie im Vorfeld mit dem Kunden genau abgesprochen haben, was er möchte, dann sollte der Auftrag kein Problem darstellen.

Zu den verschiedenen Arbeitsmethoden studieren Sie bitte Kapitel 5: Bilder komponieren. Werden Sie gebeten ein bereits verstorbenes Tier zu malen, versuchen Sie ihm ähnelnde lebende Tiere zu studieren und zu zeichnen. Verlassen Sie sich nicht ausschließlich auf Schnappschüsse, die gemacht wurden, als das Tier noch lebte. Schlagen Sie die Anatomie des Tieres in einem Buch nach – ist es Ihnen mit dem Malen von Tieren ernst, sollte ein Buch über den Körperbau von Tieren nicht in Ihrem Bücherschrank fehlen.

Lebt das Tier, können Sie dem Kunden ein Blatt mit Studien anbieten, das über einen längeren Zeitraum entstand. Eine Skizzensammlung fängt den Charakter des Tieres meist viel wirkungsvoller ein als ein einziges Bild. Wenn Sie besorgt sind, dass die eine oder andere Skizze auf dem Blatt nichts werden könnte, dann malen Sie jede auf ein gesondertes Blatt und wählen dann die besten aus. Sie könnten in einem Passepartout mit mehreren Bildausschnitten oder „Fenstern" miteinander angeordnet und als ein Bild gerahmt werden.

Ich kann nicht ins Freie gehen zum Zeichnen und Malen. Wie kann ich Tiere in der Landwirtschaft, in Feld, Wald und Flur malen, ohne mein Atelier zu verlassen?
Für manche Maler, besonders wenn Sie ans Haus gebunden sind, stellt das ein echtes Problem dar. Wenn Sie bei einer anderen Gelegenheit Skizzen im Freien gemacht haben, nutzen Sie diese. Ansonsten greifen Sie auf Fotos zurück, aber beachten Sie, was im Kapitel 5 über Fotos als Informationsquelle gesagt wurde. Benutzen Sie maßstabgetreue Tiermodelle (siehe S. 123). Wenn Sie nur ein einziges Schaf besitzen, zaubern Sie eine ganze Herde, indem Sie seine Pose bei jeder Skizze variieren. Achten Sie auf die richtige Augenhöhe: Wenn Sie suggerieren, dass man sitzend in die Landschaft oder auf das Tier sieht, dann sollte das Modell etwa auf Ihrer Augenhöhe sein, wenn es sich leicht unterhalb befindet, wirkt es, als hätte man im Stehen gemalt.

Wie gestalte ich die Größenverhältnisse richtig, wenn ich Tiere in eine Landschaft setze?
Versuchen Sie, das Tier in Relation zu etwas anderem in der Nähe zu sehen, einem Baum oder Busch o. Ä. Wie bereits erwähnt, stellen Sie sich das Tier beispielsweise neben einem Zaunspfosten vor und überprüfen Sie die Größenverhältnisse von Tier und Pfosten. Wenn Sie sich nicht sicher sind, zeichnen Sie mit einem weichen Bleistift (2B oder weicher), der wegradiert werden kann, oder schneiden Sie kleine Tiersilhouetten aus Papier aus. Wenn der Maßstab immer noch nicht stimmt, radieren Sie die Bleistiftstriche weg oder schneiden Sie eine neue Form aus Papier und versuchen Sie es noch einmal. Jedes Tier, das in der Farbe dunkler ist als Weiß und sich in großer Entfernung befindet, sollte immer erst hellgrau gemalt werden. Nach dem Trocknen bringen Sie seine tatsächliche Farbe darüber auf. Mit dieser Methode „rückt" das Tier wirklich in die Ferne.

Wie gestalte ich die Farbgebung meiner Tiere richtig?
Dafür gibt es keine feste Regel und keinen „Trick". Schauen Sie sich alle Farben, die Sie sehen, genau an und analysieren Sie, welche Sie für die richtige Mischung brauchen. Denken Sie daran, dass Farben mit größerer Entfernung immer mehr ins Graublaue gehen.

Achten Sie darauf, dass auch die Farbe Weiß „lebt"! Alle Weißtöne enthalten irgendeine Spur einer anderen Farbe. Oft wirkt Weiß cremefarbig, besonders, wenn die Sonne scheint. Eine helle Lösung Lichter Ocker oder Siena natur bringt die Farbe von Elfenbein hervor, einen wärmeren Weißton. Wenden Sie im Schatten etwas Blau an, besonders, wenn das Licht einen warmen Ton hat. Da Blau wirkt, als sei es weiter vom Auge entfernt, erhält man so verschiedene Ebenen, das Bild bekommt räumliche Tiefe. Oft sieht man, dass Schatten braun gemalt werden. Das erzielt eine falsche Wirkung, da Braun zu viele warme Anteile hat – es enthält Rot und Gelb – und erscheint somit dem Auge immer näher, der Schatten rückt damit in Richtung des Betrachters. Wenn Sie einen Schatten mit Braun gestalten, mischen Sie immer etwas Blau bei, um ihn „zurückzudrängen".

Im Allgemeinen sagt man, dass mehr als drei Farben nicht gemischt werden sollten, besonders Aquarellfarben werden grau und schmutzig, wenn man zu viel mischt. Zum Malen von Tieren eignen sich folgende Farben besonders: Lichter Ocker, Siena natur, Hellrot, Zinnober, Alizarinrot (Karmesin), Umbra gebrannt, Umbra natur, Siena gebrannt, Französisch-Ultramarin, Kobalt, Indigo.

In welcher Technik, mit welchem Material gestaltet man am besten Fell?
Auf jeden Fall mit dem Medium, mit dem man am besten vertraut ist, denn dann geht man sicher damit um. Mancher arbeitet am liebsten mit Aquarellfarbe. Nach dem Trocknen kann man die Oberflächen weiter gestalten, sie zum Beispiel mit einem Farbstift „aufrauen", ihnen mehr Textur geben. Indem man Oberflächen eines Bildes mit einem anderem Medium als dem, mit dem es gemalt wurde, strukturiert, kann man es verbessern oder ein Malheur kaschieren – aber man muss darauf achten, das ursprüngliche Medium nicht zu verdecken.

Gibt es Tiere, die besonders schwer zu zeichnen und zu malen sind? Wenn ein Landschaftsmaler Tiere als „Dekoration" in seine Landschaften integrieren will, welche Tiere wären am einfachsten darzustellen?
Am schwierigsten sind sicherlich die Tiere darzustellen, die man nicht mag! Wer vor Schlangen Angst hat und dann doch einmal eine in einer Zoohandlung zeichnet, mag dies jedoch als Herausforderung ansehen – die Schlange wird ein geduldiges Modell abgeben und sich die ganze Zeit, während man sie malt, kaum einmal bewegen.

Vögel und geschäftige Tiere wie heimische Mäuse oder exotische Renn- und Springmäuse sind immer in Bewegung und deshalb schwierig festzuhalten. Nutzen Sie fotografisches Material, aber beobachten Sie auch das Tier direkt. Es ist schwer herauszufinden, was genau vorgeht, wenn sich ein Tier bewegt.

Gescheckte und gezeichnete Tiere sind interessante Motive, aber wenn Sie noch nie eins gemalt haben, fangen Sie besser mit einer Kuh der Rasse Holstein-Frisian an als mit einem Tiger. Diese schwarzweißen Kühe sind ein Geschenk für den Maler! Das Muster der Fellzeichnung legt sich so um das Tier, dass die Körperform betont wird. Vergessen Sie nicht, das Schwarz und das Weiß jeweils hell und dunkel zu gestalten und Schatten und Lichtreflexe darzustellen.

Landschaftsmaler möchten vielleicht Kühe in ihr Bild integrieren. Versuchen Sie es mal mit einer Gruppe von Kühen in der mittleren Entfernungsebene, um dem Betrachter der Szene ein Gefühl der Geruhsamkeit zu vermitteln. Bei einer kleinen Gruppe machen sich übrigens drei Tiere besser als zwei oder vier. Wenn Sie Tiere in eine Landschaft integrieren wollen, wählen Sie solche, die zum Hintergrund in Kontrast stehen. So kann man sie leichter sehen und sie geben dem Bild als Ganzes eine Struktur, ein Muster.

Beachten Sie, dass Details wie Füße und Einzelheiten des Gesichts immer undeutlicher zu sehen sind, je mehr Sie sich aus der mittleren Entfernungsebene ins Bild hinein, in den Hintergrund, begeben. Auch in der Realität kann man Dinge in größerer Entfernung nur noch schwer erkennen.

Bei welchen Malern der Vergangenheit sollte ich am besten nach guten Tierdarstellungen suchen?
Es gibt viele Orte, an denen man Inspiration finden kann. Die Höhlenmalereien von Lascaux (18 000 v. u. Z.) in Frankreich wirken wunderbar lebendig. Die Maler des Orients schufen ausgezeichnete Aquarelle mit Vögeln und Tieren sowie erzählende Bildfolgen von Edelleuten und Kriegern mit ihren Pferden. Sehen Sie sich die Tierstudien von Leonardo da Vinci (1452–1519) an, die Pferde und Hunde von George Stubbs (1724–1806) – besonders seine herrlichen Kupferstiche mit Anatomiestudien von Pferden – die Hunde von William Hogarth (1697–1764) und die bösartige Katze auf seinem Bild *The Graham Family*. Bemerkenswerte Tiermotive wurden auch von anderen wichtigen Künstlern dargestellt: die Hunde von Thomas Bewick (1753–1828), die Pferde von Théodore Géricault (1791–1824), die Pferde von Rosa Bonheur (1822–1899), die Pferde von Edgar Degas (1834–1917), die Pferde, Hunde und das Wild von Sir Edwin Landseer (1802–1873), die Katzen von Theophile Steinlen (1859–1923), die Pferde von Alfred Munnings (1878 bis 1959), die Pferde von Laura Knight (1877–1970), die Katzen von Gwen John (1876–1939), die Tiere von Joseph Crawhall (1861–1913) und die Tiere und Vögel von Charles Tunnicliffe (1901 bis 1979). Beatrix Potter (1866–1943) war Kinderbuchillustratorin, ihre wundervoll genauen Zeichnungen von Katzen, Mäusen und anderen Tieren sind es wert, genauer studiert zu werden. Schauen Sie sich auch die Bilder von Henri Rousseau (1844–1910) an sowie das *Kind mit Taube* und das schreiende Pferd in *Guernica* von Pablo Picasso (1881–1973), oder auch seine lustige Folge von Zeichnungen, in denen ein Stier zu einem Stück Schnur wird.

Schlussbemerkung

Dieses Buch hat gezeigt, wie man an das Zeichnen und Malen von Tieren herangehen kann, indem man durch einfache Methoden des Aufbaus einzelner Bildelemente Selbstsicherheit und Routine gewinnt. Es wurde weiterhin demonstriert, wie mit einer ganzen Reihe von Hilfsmitteln und Werkzeugen Oberflächen strukturiert und gestaltet werden können, um einem Bild Charakter zu verleihen. Und es wurde versucht, das Wissen zu vermitteln, das einen Künstler befähigt, das Wesentliche – und gleichzeitig am schwersten fassbare Merkmal eines Tiers einzufangen: Bewegung. Eine Absicht dieses Buches bestand darin, den Künstler in die Lage zu versetzen, ein Tier so zu porträtieren, dass das Bild nicht eine bloße Aufzeichnung seiner äußerlichen Merkmale ist, sondern die charaktervolle Darstellung der einzigartigen Persönlichkeit des Tieres. Dem Landschaftsmaler sollte für immer die Angst genommen werden, eine Herde Kühe in sein Bild zu integrieren. All das beruht auf genauer Beobachtung, Geduld und Vertrauen in die eigenen Fähigkeiten und natürlich darauf, dass man sein Motiv, das gewählte Objekt mag und respektiert. Spaß an der Sache haben ohne Angst Fehler zu machen – das ist der Schlüssel zum Lernerfolg. Haben Sie jemals fasziniert ein Gemälde betrachtet, das Sie persönlich berührt hat? Und als Nächstes gedacht: ‚So könnte ich nie malen…'? Falsch – wir alle sind zu mehr in der Lage, als wir denken. Wie ein Eisberg, der nur zu einem Siebtel aus dem Wasser schaut, nutzen auch wir nur ein Siebtel unserer potenziellen Fähigkeiten. Der Rest bleibt aus vielerlei Gründen ungenutzt, gewöhnlich aus mangelndem Selbstvertrauen und weil man nicht gefordert ist. Sicherlich schlummert nicht in jedem von uns ein Rembrandt, aber wir neigen dazu, unsere besten Eigenschaften unterzubewerten, indem wir glauben, die Talente, die wir bei anderen beobachten, selbst nicht zu besitzen. Aber wer seine Einstellung zum Lernen realistisch einschätzt und immer danach strebt, das Beste zu geben und – vor allem – Freude dabei zu empfinden, der wird große Fortschritte machen und das Zeichnen und Malen meistern. "Das, was wir bewundern, ist tief in uns selbst verborgen." Warum sollen wir es nicht hervorholen?

Danksagung

Mein herzlicher Dank gilt:
dem Parsonage Farm Rural Heritage Centre in Elham, Kent; Hilary Towler am Durham Teachers Resource Centre in Darlington; der Familie und den Tieren von Betty Elliot; der Familie Anderson von der Friarside Farm in Wolsingham in der Grafschaft Durham; Pamela Bryan und all meinen ehemaligen und derzeitigen Kunstschülern.
Mein besonderer Dank gilt meiner Familie, vor allem meinem Mann Trevor Pitt, ohne dessen Unterstützung und Ermutigung dieses Buch nicht möglich gewesen wäre.